EL MUNDO DE LOS NEGOCIOS
LEXICO INGLES-ESPAÑOL

IVAN DE RENTY

EL MUNDO DE LOS NEGOCIOS

LEXICO INGLES - ESPAÑOL

Versión española de

ANGEL GARCIA ARRANZ

Licenciado en Filosofía y Letras (Filología inglesa)
Profesor numerario de Inglés de la Escuela Oficial de Idiomas de Madrid

SOCIEDAD GENERAL ESPAÑOLA DE LIBRERIA, S. A.

Primera edición, 1977
Segunda edición, 1981
Tercera edición, 1987

ISBN 84-7143-118-1
Depósito Legal: M. 27.151-1987

Printed in Spain - Impreso en España

Compone: Selecciones Gráficas
Imprime: Ormupisa
Encuaderna: F. Méndez

PREFACIO

Cuando hace veinte años me enviaron a Londres, creía conocer la lengua inglesa por haberla estudiado con interés en el Liceo y después a través de los libros y de los diccionarios. Inmediatamente comprendí que mi único conocimiento utilizable en el lugar donde me encontraba se limitaba a los verbos irregulares y a algunas palabras de uso corriente.

Ante mí tenía la labor de aprenderme todas las expresiones y construcciones de las frases empleadas por los ingleses y los americanos. Cada día, por consiguiente, anotaba todas las locuciones y giros nuevos de las conversaciones que habían tenido lugar con mis interlocutores en el curso de la jornada. Hace veinte años que continúo esta labor, ya que he permanecido en contacto con los anglosajones por causa de los negocios, así como por razones de amistad.

Este léxico no es de mi propiedad. Es la consecución de la obra de todos los amigos ingleses y americanos pertenecientes a todas las clases sociales a los cuales he conocido en las circunstancias y lugares más diversos. La obra reproduce fielmente las expresiones familiares utilizadas por el hombre de negocios en su vida cotidiana. Así pues, su ámbito entra en el interés de toda persona que tenga relación con el mundo anglosajón de las relaciones financieras, comerciales, industriales y jurídicas.

Para un español, el conocimiento formal del inglés es difícil. No solamente las palabras, que, en la mayor parte, provienen de raíces diferentes, sino, sobre todo, porque las formas del espíritu y la visión de los anglosajones difieren diametralmente de las nuestras.

La traducción literal del español al inglés da como resultado, corrientemente, una frase ininteligible para el oído anglosajón o representa un contrasentido. No hay nada más lento e ingrato que buscar una palabra en el diccionario, nada más difícil que encontrar con él una expresión cuando se ignora la palabra clave bajo cuyo epígrafe figura, nada más incómodo que reconstruir el giro de la frase. Si bien las gramáticas, los diccionarios y los métodos para aprender inglés siguen siendo indispensables para el principiante, en una determinada fase ya no son convenientes para una rápida asimilación y sobre todo para la utilización de la lengua.

Siempre me he quejado de la ausencia de un léxico que cubriese, con palabras y expresiones, las principales actividades cotidianas de una profesión. Los manuales existentes en este campo se limitan a dar una lista alfabética de las palabras sin encuadrarlas en las locuciones, y no cubren más que un aspecto de una profesión dada.

Para tratar de llenar este vacío y que mi experiencia sirva a los demás, he preparado «Le lexique de l'anglais des affaires». (Versión española. «El mundo de los negocios. Léxico inglés-español».) Esta guía, que está muy documentada, ha sido concebida para aquellas personas que tengan ya un cierto conocimiento de la lengua, pero que carezcan de la experienca directa. Su originalidad es triple:

— *Contiene las palabras, pero también las expresiones que se refieren a cada actividad.*
— *Cubre el conjunto de las diversas actividades posibles del hombre de negocios en su jornada de trabajo. Dirigiéndose al índice de materias, el usuario puede encontrar y memorizar rápidamente las palabras y locuciones esenciales para una reunión con un banquero, transmitir órdenes de bolsa a su agente de cambio, discutir con un abogado o con un inspector de Hacienda, hacer un seguro para su coche y celebrar una cena de compromiso en la ciudad.*
— *Para facilitar la búsqueda de la palabra y sobre todo de una locución, está separado por disciplinas, activi-*

dades, circunstancias profesionales y cada capítulo en sí respeta, según el caso, un orden lógico o cronológico.

El inglés, lengua materna de trescientos veinte millones de personas, se convierte cada vez más en la lengua universal de los negocios y del turismo. Constituye, además, el vehículo del pensamiento para las técnicas más avanzadas de nuestro tiempo. La entrada de Inglaterra en el Mercado Común desarrollará aún más el empleo de esta lengua en Europa. Todavía no me atrevo a escribir el inglés americano, pese a que presente una diferencia con el inglés clásico, al cual enriquece y varía su vocabulario con dinamismo, no obstante, este libro contiene un cierto número de locuciones de allende el Atlántico.

A todos aquellos que poseemos como lengua materna una lengua clásica, rica en cultura, vía del humanismo literario y forma de expresión de los países hispanoamericanos, no se nos oculta que el perfecto conocimiento del inglés es una necesidad imperativa para el que quiera llegar a un puesto clave y abrirse todas las fronteras.

Es, pues, a esta tarea apasionante a la que te invito, amigo lector, con mis mejores deseos de «best luck».

IVAN DE RENTY.

TABLE OF CONTENTS

INDICE DE MATERIAS

1

THE COMMUNITY OF BUSINESSMEN — LA COMUNIDAD DE LOS HOMBRES DE NEGOCIOS

THE COMMUNITY OF BUSINESSMEN	LA COMUNIDAD DE LOS HOMBRES DE NEGOCIOS
Legal entity **Corporate body**	Entidad jurídica Persona jurídica
Natural person	Persona privada Persona natural
Any Tom, Dick, or Harry	Pedro, Juan y Pablo
Private individual	Persona particular
People	La gente; el público
Man in the street	El hombre de la calle; el gran público
Corporate feeling	Espíritu corporativo
Lobby	Representación de intereses particulares, grupo de presión
Business community	El mundo de los negocios
Small and medium size firms	Las pequeñas empresas y las empresas medias
The professions	Las profesiones liberales
Labor as opposed to business	La mano de obra en contraposición con el mundo de los negocios
Proprietary classes	Los propietarios
Spokesman	El portavoz

Consultant **Advisor (U.SA.)**	El consultivo
Contact man **P.R. man**	Hombre de relaciones públicas
Business connection	Relación de negocios
Fair weather friend	Amigo de conveniencia
Ruling spirit **Driving force**	Espíritu promotor
His words are holy writ	Lo que dice va a misa
Stand out **Standouter**	Persona relevante
Coming man	Persona a punto de lograr su meta
Climber **Careerist**	Arrivista
A groovy guy **A swinging guy**	Un tipo rutinario
To be a draw **To be a hit** **To be a crowd-puller**	Atraer a las masas
Tycoon **Magnate**	Magnate
To coin money **To pile up money** **To make stacks of money**	Amasar dinero
To bankroll	Financiar por completo
He is sitting pretty **He is sitting in clover**	Está en excelente situación
V.I.P.: **very important person**	Persona muy importante
A big wig **A big gun** **A big shot** **A big noise**	Un pez gordo

He is flush with money **Lousy with dough (slang)**	Está podrido de dinero
Polytechnique school yearly list	Anuario de la Escuela Politécnica
Figure head **Ceremonial figure**	Figurón; hombre de paja
Cuts no ice **Cuts no figure**	Ni pincha ni corta
Mr. Bumble	Funcionario público de poca importancia muy engreído
To be confronted with leaden bureaucracy	Enfrentarse con una burocracia pesada
This civil servant is a limpet	Este funcionario es una lapa
Mere performer	Simple ejecutor
Underling	Subalterno
Pen pusher	Chupatintas
A has been	Persona que fue alguien
A never was	Persona que nunca fue nada
A muff	Un torpe; un pobre de espíritu
A rabbit	Un cobarde; un calzonazos
He is patronized by nobody	No le apoya nadie
He is under a cloud	Caer en desgracia
He is doing odd jobs	Es un chapucero
A flop	Un fracaso (personas)
A hex **A voodoo** **A jinx**	Un gafe; que trae mala suerte; un pájaro de mal agüero

Sucker **Pushover** **Mug** **Patsy**	Un gorrón; un cara
Cake and pie **Pushover** **Sitting duck** **Sitter**	Pan comido
Turn coat **Trimmer** **Time server**	Chaquetero; camaleón
Wirepuller **String puller**	Intrigante; persona que utiliza información secreta para influir en los actos de personas u organismos
Upstart	Advenedizo
An artful dodger	Un astuto tramposo
Grab all	Codicioso; avaricioso
Scrape penny	Roñoso, agarrado
Smart aleck	Un tipo listo; el que se las sabe todas
Beware of { **spongers** **scroungers** **hangers on**	Ojo con los parásitos, con los chupones
Dead beat (U.S.A.)	Sablista
Crook **Swindler** **Sharper**	Estafador
A con artist	Un fullero; un tramposo
Scofflaw	Burlador de leyes; persona que se burla de las leyes en su provecho

Under numerous aliases	Con numerosos alias o sobrenombres
Man of straw	Hombre de paja
Front	Fachada; persona o negocio que encubre asuntos dudosos
Stooge	Gancho; comparsa; compinche; compadre
Cockroach	Cucaracha; especulador de poca importancia
Shyster	Abogado sin escrúpulos
Horse dealer	Chalán
Double crosser	Moneda falsa
Odd ball	Persona excéntrica o extraña
Counterpart in the take over company **Opposite number in the take over company**	Persona homóloga en la asociación
To be free of someone's house	Tener libre entrada en casa de alguna persona
On the recommendation of...	Por recomendación de...
Private ends	Fines personales o privados

2

EXPRESSIONS USED IN THE BUSINESS WORLD	EXPRESIONES UTILIZADAS EN EL MUNDO DE LOS NEGOCIOS
To get hold of someone	Llegar hasta alguien
Does X. have any pull in the ministry?	¿Tiene X buenas aldabas en el Ministerio?
He has a good nose for a bargain	Tiene buen olfato para los negocios
We get on well together **We hit it off (slang)**	Nos llevamos bien
He is holding out on us	Nos está ocultando su juego
To be hand in glove with him	Estar a partir un piñón con él, ser uña y carne
To stand up to someone **To tell him off**	Hacer cara a alguien Decirle las cuatro verdades
To get even with	Desquitarse con...
I am counting on it **I am set on it** **I have my heart set on it**	Confío mucho en ello
I ran into my old friend	Me tropecé con mi antiguo amigo
I have no use for people who lie all the time and are only bluffing	No puedo perder el tiempo con personas que mienten continuamente y sólo fanfarronean

I have a bone to pick with you	Tengo que habérmelas con usted
Count me out	No cuente conmigo
The events bear me out	Los acontecimientos me dan la razón
Do you want to bet on it?	¿Quiere Vd. apostar?
Go along with him	Forme pareja con él
Watch out for him, he wasn't born yesterday	Ten cuidado con él, no nació ayer
You brought the whole situation on yourself	Fue Vd. quien provocó toda la situación
All for the best	Todo con la mejor intención
To put them off with false hopes	Engañarles con falsas esperanzas
To kiss it good bye	Despídete de ello
He had no idea of the difficulty	No tenía ni idea de la dificultad
Have you a hand in it?	¿Tienes parte en ello?
To do everything possible	Hacer todo lo posible
Joking apart, what do you think?	Sin bromas, ¿qué piensas?
I am dead against it	Estoy completamente en contra
Do you get the hang of it? **Have you caught on?**	¿Ha comprendido Vd.?; ¿se ha enterado?
To hush up the matter	Mantener un asunto en secreto
I venture to suggest **I suggest**	Me permito sugerir
My share in...	Mi participación en...

My shareholding in this concern is...	Mi participación en las acciones de esta empresa es...
His strength **His skill**	Su fuerte
Always on the go **Keeping things on the move** **Keeping the pot boiling**	Mantener las cosas en movimiento
Clincher	Argumento contundente
Dead secret	Secreto de Estado
Mandatory	Obligatorio
To tide us over the interval by selling some shares	Vencer la dificultad del momento vendiendo algunas acciones
The odds are ten to one	Las probabilidades son de diez a uno
To have no choice **To have no alternative**	No tener alternativa, no tener elección
In the aggregate	En conjunto, en total
To bilk **To cheat** **To deceive**	Engañar, defraudar
To incur an expense	Incurrir en un gasto
His words will carry weight	Sus palabras { pesan / tienen peso
For your guidance	Para tu gobierno
To be in the way **To be a bore**	Estorbar
To have one's knife in someone	Encarnizarse con alguien; ensañarse con alguien
To come into the picture	Entrar en escena

Make up your mind	Hágase a la idea
To bring him round to see sense	Persuadirle para que vea la realidad
Decision taken by hunch **Decision arrived at by following one's hunch**	Decisión tomada por presentimiento Decisión tomada por intuición
I call your attention to...	Llamo su atención hacia...
To unravel a plot	Descubrir un complot
To vouchsafe	Condescender; dignarse
To thrash out a question	Liquidar una cuestión
To play possum	Ocultar su juego
At one's own discretion	A su libre albedrío
To husband **To use sparingly** **To make good use of**	Administrar; hacer buen uso
To put in order	Poner en orden
Under the stress of... **Under the strain of...**	Bajo la presión de...
To be proficient **To be sound**	Estar fuerte; ser versado
To be well-to-do **To be well heeled (slang)**	Estar en buena posición; tener dinero
To have the skill **To have the «knowhow» (U.S.A.)**	Tener la pericia; poseer los conocimientos técnicos
To have the savvy (slang U.S.A.)	Tener la destreza
To have the knack (slang)	Tiene mucha mano izquierda
Let's get down to work	Pongámonos a trabajar en serio
He had a brain wave	Tuvo una idea; tuvo un rasgo de ingenio

What is your point of view? **What is your standpoint?** **What is your slant?**	¿Cuál es su punto de vista?
It is difficult to assess at this juncture	Es difícil hacer una estimación en esta conyuntura
To have cut and dried opinions	Tener las opiniones muy bien preparadas
To bring it off	Llevarse un negocio
To win the day	Conseguir la victoria
To have an eye on the main chance	Estar esperando la primera oportunidad
His approach is certainly a disinterested one	Su actitud es evidentemente desinteresada
To squander one's money **To fritter away one's money** **To play at ducks and drakes with one's money**	Malgastar su dinero; despilfarrar el dinero
I prefer him **My preference lies with him**	Mis preferencias recaen sobre él
To state one's views	Exponer sus puntos de vista
I have no way of knowing	No dispongo de medios para saber. No tengo forma de saber
To shut oneself up in one's office	Encerrarse en su despacho
To enlighten someone on a subject	Aclarar una materia a alguien
I'll pass the information on to our technical department	Remitiré / Pasaré / Haré seguir la información a nuestro servicio técnico

To win over the French	Ganarse a los franceses; conseguir la confianza de los franceses
To lead someone up the garden (slang)	Llevarse a alguien al huerto; embaucar a alguien
I am not likely to forget	No es probable que se me olvide
To take something in one's stride	Conseguir algo sin esfuerzo
To hoax **To cheat**	Engañar; embaucar
To ridicule	Ridiculizar
To lead by the nose	Burlarse de; llevar la batuta; llevar de la nariz
To jockey for position	Intrigar para conseguir un puesto
To be taken in	Que se la «peguen» a uno
Let us settle this vexed question	Saldemos esta cuestión tan enojosa
My briefcase is too small for all these documents, I have to use my attaché case	Mi portafolios es demasiado pequeño para todos estos documentos, tengo que utilizar mi maletín
He likes to rush things **He likes to hurry things on**	Le gusta acelerar los asuntos
He is magnetism itself in action	Es el mismísimo magnetismo en acción
To look into a question	Examinar una cuestión de cabo a rabo

At the moment of decision **When it comes to the pinch** **When it comes to a show-down**	En el momento decisivo
To start from scratch	Partir de cero
He has good commonsense	Tiene mucho sentido común
Not an ounce of commonsense	No tiene ni pizca de sentido común
That's a cinch (slang)	Es cosa segura
To bite the dust	Morder el polvo
To keep something in reserve **To lay something by for a rainy day**	Guardar algo en reserva
Without any fanfare, noiselessly	Sin alharacas; sin ruido
After making one's pile	Después de haber hecho su agosto
Snag **Hitch** **Rub**	Obstáculo; impedimento
To make no case for **To ignore** **To flout** **To set at naught** **To disregard**	Ignorar; no hacer ni caso
To rush about	Ajetrearse; bregar
Stumbling block	Escollo; causa de un error cometido
Starting off together	Comenzar en igualdad de condiciones

An underhand plan **A weasel plan**	Un plan solapado
I cannot assume this responsibility	No puedo asumir esta responsabilidad
To figure out	Resolver; hallar mediante cálculo
That's how I see things	Así es como yo veo las cosas
It takes up too much time	Llevar demasiado tiempo
It's hypothetical	Es hipotético
He was bought out for F...	Le compraron su parte de socio por F...
If you set up a Co., you will have to go through with it	Si se funda una compañía, hay que llegar hasta el final
It will be better for you to wait until the results are known	Será mejor que espere Vd. hasta que se conozcan los resultados
His family will never live down this disgrace	Su familia no se sobrepondrá de esta deshonra
It never occurred to me	Nunca se me ocurrió
Due to a lot of troubles, he is always keyed up	Debido a numerosos problemas, siempre se encuentra en tensión
To pester someone	Incomodar a alguien acosándolo. Importunar a alguien acosándolo
To butter up **To kow tow (slang)**	Hacer zalemas; hacer la pelota
The last argument won him over	El último argumento le convenció
To stand for Parliament	Presentarse al Parlamento

To run for congressional office (U.S.A.)	Presentarse para diputado del congreso
You got it as a matter of course	La consiguió sin dificultad
You are at liberty to do so	Es Vd. libre de hacerlo
To force someone's hand	Obligar a alguien a hacer algo
Thanks to his father, his career is mapped out	Gracias a su padre su carrera está trazada
To be hard up **To be in straits** **To be in straitened circumstances**	Estar apurado de dinero, estar sin blanca, estar sin un céntimo
To get things straight	Poner las cosas en claro
To forge ahead	Avanzar constantemente; adelantar a los demás
To lead someone up the garden path **To take someone in**	Pegársela a alguien Dar el pego a alguien
To weather the storm **To come through**	Capear el temporal
To overcome one's difficulties	Vencer las dificultades
To live from hand to mouth	Vivir al día
Don't be inconsiderate	No sea Vd. irreflexivo
To fulfill the task entrusted to someone	Realizar la labor encomendada a alguien
He is said to be very rich	Se dice que es muy rico
He puts on a good act **He maintains a perfect facade** **He puts up a very good front**	Conserva una fachada perfecta

To patronize	Patrocinar; fomentar Condescender con altivez Ser parroquiano
To keep one long in suspense	Mantener en suspenso; hacer desear a alguien
To make someone pay through the nose (slang)	Hacer pagar caro un favor
To aggravate someone beyond endurance	Exasperar a alguien más allá de su resistencia
To draw in one's horns **To pull in one's horns**	Achicarse; acobardarse; meterse en el caparazón
Nothing upsets him **He never gets confused**	Nada le saca de sus casillas; nunca se desconcierta
To sense **To nose out**	Olfatear
He is bound to succeed	Está abocado a triunfar
To be on christian name terms **To be thick with someone (slang)**	Llamarse de tú; tutear a alguien
To be as thick as thieves	Hacer buenas migas; estar a partir un piñón
They are hand in glove together	Son uña y carne
As sly as a fox	Más astuto que un zorro
To draw with someone	Quedar en tablas con alguien
To bribe **To grease his palm (slang)**	Sobornar; untar la mano
For a living	Para ganarse la vida
To draw a blank	Sufrir una decepción; no tener suerte

To satisfy his ambition	Para satisfacer su ambición
He was not received with red carpet, but with red tape	No le recibieron con honores, sino con la rutina administrativa
To blow one's money (slang)	Malgastar el dinero
To draw someone from a course	Apartar a alguien de la regularidad
To blow the pool **To squander the stake-money**	Comerse los ahorros; consumir los ahorros
To keep in with them **To be on good terms with them**	Mantenerse en buenos términos con ellos
I have come to terms with him	Me he puesto de acuerdo con él
I hope you will not misunderstand my remark	Espero que no interprete mal mi observación
He drives a hard bargain	Ofrece unas condiciones muy duras
I hope you will back me up	Espero que me respalde
I hope you will back me through	Espero que me respalde hasta el final
I happened to meet him yesterday	Tuve la ocasión de encontrarle ayer; le encontré ayer por casualidad
I am in the dark about this business	Ignoro todo lo referente a este asunto
I can see where he wants to go	Ya veo adonde quiere ir
On this point, we agree with you	En este punto estamos de acuerdo con Vd.
There is no denying that statement	Esa declaración no admite discusión

The happy medium	El justo medio
Situated as I am	Bien situado como estoy
To explore the possibilities of a scheme	Explorar las posibilidades de un proyecto
To give a flat refusal	Dar una negativa rotunda
Can you spare it?	¿Puede Vd. permitírselo?
To stay the distance **To stay the route (USA)** **To stick it out to the end**	Aguantar hasta el final; soportar la prueba hasta el final
We are getting in touch with...	Nos estamos poniendo en contacto con...
To team up with an old pal	Formar equipo con un antiguo compañero
To have had a rough time of it	Haberlas visto moradas
To be stuck with it to the end	No poderse desembarazar del asunto hasta el final
That is cold comfort	Es un consuelo muy pobre; es consuelo de tontos
It's just small fry	No es más que morralla
It's no great catch **It's no cop (slang)**	No es un gran botín
To blow up at **To blow out** **To bawl out** **To dress down** **To administer a dressing down**	Echar una bronca; regañar
Loud mouthed	Vocinglero; deslenguado
To be of assistance **To be instrumental**	Ser de utilidad

To pull one's weight	Tirar de sus influencias; utilizar su influencia
To give sterling assistance	Prestar ayuda verdadera
To talk them down	Hacerles callar; rebatir sus pretensiones
To sit on someone (slang) **To squash someone**	Poner el pie sobre el cuello a alguien; hacer saber a alguien el lugar que le corresponde
To volunteer information	Proporcionar información espontáneamente
To think the whole thing over	Repasar la totalidad de la cuestión
To stand pat on that	No dar su brazo a torcer; mantenerse en sus trece; no rajarse
To sit tight	Hacerse el muerto
To bide one's time	Esperar su hora
To act: furtively **sneakingly** **on the Q.T. (slang)**	Actuar furtivamente. Actuar a la chita callando
To practise underdealings	Realizar operaciones bajo cuerda
To have secret negociations	Tener negociaciones secretas
To pack a house **To pack a jury** **To weigh a jury in one's favor**	Reunir personas cuyo juicio sea favorable
To be privy to	Ser cómplice de; ser copartícipe de

To do the donkey work	Hacer el trabajo pesado; hacer el trabajo rutinario
To give him an advantage over you **To give him an edge over you**	Darle ventaja sobre Vd.
For love or money	Por las buenas o por las malas
The day of reckoning	El momento de la verdad
To shop about	Recorrer el mercado en busca de las mejores condiciones
To make a play for **To put on all one's charm to obtain favour or money**	Emplear todos sus encantos para conseguir favores o dinero
To touch someone (slang) **To take a cut (U.S.A.)** **To take a rake off (slang)**	Dar un sablazo a alguien
To ruin **To do for**	Arruinar
To scrape acquaintance with someone	Trabar conocimiento con alguien
Thanks for introducing Mr. So and So to me	Le agradezco haberme presentado al Sr. Fulano de Tal
To cut it fine **To cut it close**	Hilar muy fino
To scrape home	Triunfar con justicia
He had a good start with both capital and connections	Tuvo un buen comienzo con capital y relaciones

To start with a bang	Tener un buen comienzo; dar un buen brinco al comenzar
To drop a highly placed civil servant into private industry	Lanzar a un alto funcionario a la industria privada
To drop out **To fall out**	Dejar caer; retirarse
To back out **To climb down** **To knuckle under** **To give in** **To wilt**	Darse por vencido; acabar por ceder
To dwell on	Insistir; hacer hincapié
To weaken	Debilitarse
To water down	Echar agua al vino (disminuir o mitigar la fuerza de una acción)
To tone down	Bajar el tono; bajar la voz
I don't see what he is driving at	No comprendo lo que intenta
To be in cash	Tener fondos; tener dinero
To be out of cash	No tener fondos; no tener dinero
To give evidence	Prestar testimonio o declaración
Business is looking well **Business looks promising**	Los negocios son prometedores
To look after one's interests	Velar por los propios intereses
To alienate someone	Enajenar a alguien
To antagonize someone	Competir con alguien

By any standard **In all respects**	A todos los efectos; en todos los aspectos
To do the trick	Hacer su conveniencia
To fix you up (slang)	Arreglarse el asunto
It's common practice	Según los usos y costumbres
To put in touch **To bring into touch** **To bring into contact**	Poner en contacto
To be entrusted with	Encargar de
To hand in **To hand over**	Remitir; entregar
To hold over	Demorar; retener
To finalize	Dar por terminado; llevar a buen fin
To hold talks on...	Mantener conversaciones sobre
If I can be of service to you	Si puedo serle de alguna utilidad
Will you be so kind as to spare me a few minutes?	¿Sería tan amable de concederme unos minutos?
In confidence **Keep this under your hat (slang)**	Confidencialmente, no diga nada de este asunto
To swallow one's medicine (U.S.A.)	Apechar con las consecuencias; tragarse la píldora
To take one's own medicine	Aplicarse su propio criterio
To give someone a dose of his own medicine	Pagar a alguien con la misma moneda
Do you happen to know whether...	¿Sabe Vd. por casualidad si...?

3

TELEPHONE	TELEFONO
To dial a wrong number	Marcar un número equivocado
Dialling tone	Tono de llamada; llamada
No buzz	No da tono
Telephone booth	Cabina telefónica
Telephone exchange Trunk	Central telefónica
Switchboard	Cuadro de centralita
A personal call	Conferencias personales
Please reverse the charge	Por favor, ponga una conferencia de cobro revertido
From room to room	Comunicaciones entre habitaciones del mismo hotel
Local call	Llamadas locales
Long distance call Trunk call	Conferencias nacionales
International call	Conferencias internaconales
Please hold on	No se retire, por favor
Please hold the line	No cuelgue, por favor
Please speak up	Hable más alto, por favor
Please hear me out	Por favor, déjeme terminar
I have not gathered what you have said	No he entendido bien lo que ha dicho

Please hang up	Cuelgue, por favor
I'll be phoning later	Le llamaré más tarde
I'll ring you up for a definite appointment	Le llamaré para fijar la cita definitivamente
We were cut off	Nos han cortado
Look up the telephone directory	Consulte la guía telefónica
Index	Listín telefónico
Operator	Operadora; telefonista
Will you please put me through to... **Will you please connect me with...**	¿Sería tan amable de ponerme con...?
Give me extension 265	Póngame con la extensión 265
You have Mr. X on the phone	Tiene Vd. al Sr. X al teléfono
On the telephone **Over the telephone**	Al teléfono; por teléfono
All the business is done over the phone	Todos los negocios se hacen por teléfono
Operator, call him back	Operadora, vuelva a llamarle, por favor
To trace the call	Localizar la llamada
Keep an eye on the phone	Vigilar el teléfono
Note all the incoming calls	Tome nota de todas las llamadas recibidas
3 minutes up	Han transcurrido tres minutos
Telephone contact	Número de teléfono donde se encuentra

Collect call	Conferencia de cobro revertido (a pagar por el abonado a quien se llama)
On television	En la televisión; por televisión
Watching the news ticking out on a teleprinter's tape	Ver cómo aparecen las noticias en una cinta de teleimpresora
The speech was televised live	El discurso se televisó en directo
Be sure to wire us	No dejes de cablegrafiarnos
A cable address	Una dirección telegráfica
Stream of cables coming in from New York	Una oleada de cables procedentes de Nueva York
Write your cable in cipher	Escriba su cable en lenguaje cifrado
Make a point of ringing him up at 10 am	Acuérdate de llamarle a las diez de la mañana
Telex rate	Tarifa de telex
A telex **A ticker**	Un telex; un teletipo
Television network	Red de televisión
Television news	Noticias de televisión; telediario
Teleprocessing	Teleproceso
Teletype	Teletipo

4

CORRESPONDENCE	CORRESPONDENCIA
OFFICE EQUIPMENT	MOBILIARIO Y MATERIAL DE OFICINA

Desk set	Juego de escritorio; juego de despacho
Card index	Fichero de tarjetas
Index book	Libro índice
Index card	Ficha índice
Pigeon hole	Casillero
Folder	Clasificador
Pad	Block de notas
Blotting pad **Writing pad**	Carpeta; cartapacio (de escritorio)
In tray	Bandeja de entrada
Office requisites **Office stationery**	Objetos o artículos de escritorio
Note paper	Papel de cartas
A sheet	Una hoja de papel
A fly sheet **A loose sheet**	Una hoja suelta
Ream	Resma de papel (500 hojas)
A blank book	Un libro registro
A slip of paper	Una ficha

A filing cabinet	Un archivo
On looking through our files	Examinando nuestros archivos
A photostat copy	Una fotocopia
Selling cyclostyled lectures	Vender conferencias a ciclostil
Handout **Leaflet** **Handbill**	Folleto; circular

SECRETARIAT / **SECRETARIA**

Office manager	Jefe de la secretaría
Chief clerk	Jefe administrativo
Clerk	Empleado administrativo
Secretary **A gal friday (U.S.A.)**	Auxiliar
Executive secretary	Secretaria de dirección
A stenographer	Taquígrafa; estenógrafa
Take this down in shorthand	Tome esto a taquigrafía
A typist	Una mecanógrafa
A shorthand typist	Una taquimecanógrafa
To go through the mail	Abrir el correo
To deal out letters among one's aides	Distribuir las cartas entre los colaboradores
I enclose for your perusal	Adjunto se lo remito para que lo examine
Please deal with **Please follow up**	Rogamos cumplimente

Kindly return this document after perusal	Rogamos tenga la amabilidad de devolver este documento después de haberlo examinado
Please file	Archivar
Please take up with me **Please speak to me**	Hábleme; infórmeme
Please do the needful as usual	Le ruego tome la acción necesaria como de costumbre
Please keep me well posted	Le ruego me mantenga al corriente
Kindly annotate the draft	Le ruego se sirva anotar sus comentarios al proyecto.
For your comment / approval / signature	Para su comentario / aprobación / firma
Think this memo over	Estudie atentamente esta nota
Read this report through	Léase por completo este informe
Please hand in this memo	Rogamos devuelva esta nota
Please circulate this note	Rogamos haga circular esta nota
Please get rid of these incriminating papers	Rogamos se deshaga de estos papeles comprometedores
Please keep track of this question	Rogamos siga la pista de esta cuestión
Paperwork	Papeleo administrativo
An abridgment	Un resumen; un extracto

A verbatim report	Un informe literal; un informe palabra por palabra
Addendum to the memorandum	Apéndice a la memoria
Appendices	Anexos
A tentative draft	Un anteproyecto
A draft	Un proyecto
To amplify a draft	Ampliar un proyecto
To prune a draft	Recortar un proyecto
A recast	Una refundición de un proyecto
Drawing of a letter **Wording of a letter**	La redacción de una carta
This letter { **worded as follows** / **thus reading** / **couched in these terms**	Esta carta redactada de la forma siguiente
Cryptic terms	Términos secretos; en clave
Cross reference	Referencia; llamada
Please turn over **Please see overleaf**	Vuelva la página, por favor
As detailed overleaf	Tal como se detalla al reverso
Covering letter	Carta de envío (de documentos)
Waiting reply	Respuesta de espera
Comprehensive reply	Respuesta global
Form letter	Carta modelo (para respuestas análogas)
Reminder	Carta recordatorio

Follow up letter	Carta de reiteración
Collection letter	Carta de cobro
Graph	Diagrama
Particulars mailed	Siguen detalles; sigue escrito
Series	Serie
Complimentary copy	Ejemplar de obsequio
To send him a snorter which was a settler for him	Enviarle una carta de amonestación que ha dejado zanjado el asunto con él
To confine oneself to a bare acknowledgement	Atenerse a un simple acuse de recibo
A guarded answer	Una respuesta no comprometedora
Afore mentioned letter	Carta mencionada anteriormente
Your remark against the 2nd paragraph	Su observación con respecto al segundo párrafo Sus reparos con respecto al segundo párrafo
Every word of our reply has been thought out	Cada una de las palabras de nuestra respuesta ha sido sopesada suficientemente
To write off long screeds	Escribir rollos; hacer escritos pesados
To write out a report in one process	Redactar una informe a la primera Redactar un informe de una sola sentada
Stenographers clacking away at typewriters	Mecanógrafas aporreando las máquinas de escribir
One top and three copies	Original y tres copias

To space out the lines **To white out the lines**	Espaciar las líneas de un escrito
Misprint	Errata de imprenta; error mecanográfico
To find fault with the work of the typist	Encontrar un error en el trabajo de la mecanógrafa
To cross out	Tachar
To strike out words not required **To delete words not required**	Tachar palabras innecesarias
Under plain cover	Por correo normal
Apply in strictest confidence	Estrictamente confidencial
Under separate cover	Por correo aparte
By surface	Por vía terrestre
By air mail	Por correo aéreo; por vía aérea
By hand	En mano
To remit a letter to your good selves	Para remitir carta a Vds.
Sent in the official Despatch bag **Sent in the diplomatic pouch**	Enviado por valija diplomática

MAIL AND COMMUNICATIONS	CORREO Y COMUNICACIONES
P.O. box	Apartado de correos
Pillar box	Buzón
To be called for	Lista de correos
Please forward	Se ruega hagan seguir
Care of: c/o	A la atención de
To frank	Enviar una carta exenta de franqueo
A machine to frank their mail and save the time spent on buying, affixing and accounting for ordinary adhesive stamps	Una máquina de franquear su correspondencia y ahorrar el tiempo invertido en comprar, pegar y contabilizar los sellos adhesivos normales
Registered letter with acknowledgement of receipt	Carta certificada con acuse de recibo
To dispatch by parcel post	Expedir en paquete postal
Send them by book-post	Envíelos como impresos
Per post office order **Per money order**	Por giro postal
Post office giro	Giro postal
Postal giro service	Servicio de giros postales
By return of post	A vuelta de correo
Sample post	Servicio postal de tarifas especiales para muestras comerciales
Printed matter	Material impreso; impresos
By registered book post	Como impresos certificados

Free of charge **Free of value**	Libre de gastos; sin cargo
As against payment	Contra reembolso

PRESS — PRENSA

News	Noticias; la prensa
Piece of news	Noticia
Broadcast news	Diario hablado
Television news	Telediario
Newspaper	Periódico
Readership approaching the million	Lectores que se aproximan al millón
Circulation of a newspaper	Tirada de un periódico
Owing to its big circulation, «The Times» is very influential	Debido a su gran tirada, el «Times» ejerce mucha influencia
«The Times» has a wide readership in the financial community	El «Times» se lee mucho en los medios financieros
A paper depending on its advertising linage	Un periódico que depende del número de anuncios
News agent **News dealer (U.S.A.)**	Vendedor de periódicos
Newspaper kiosk **Bookstall** **News-stand (U.S.A.)**	Quiosco / Kiosko de periódicos
Press agency	Agencia de prensa; agencia de información

Press release	Comunicado de prensa
Handout	Boletín informativo comunicado a la prensa
Press campaign	Campaña de prensa
Newsmen	Periodistas
Flac (slang U.S.A.)	Agente de prensa; publicista
To insert an ad	Insertar un anuncio
To get front page treatment	Ocupar la primera página; conseguir tratamiento de primera página
Predate	Adelantar una edición para envío a provincias
To take out a subscription **To subscribe to a newspaper**	Abonarse a un periódico
To take out a subscription to the «Financial Times» for this office, for a period of one year commencing 1st December	Hacer un abono del (suscribirse al) «Financial Times» para esta oficina por un período de un año, a partir del 1 de diciembre
Newspaper rate	Tarifa postal para periódicos
Press cuttings **Nespaper clippings (U.S.A.)**	Recortes de periódicos
News items	Noticias de prensa
Opinion poll	Escrutinio / Sondeo de la opinión
Probe (U.S.A.)	Sondeo; escrutinio
Pollster	Persona especializada en sondeos o escrutinios de la opinión

Galley proof	Galerada (prueba de composición tipográfica)
To read for press	Corregir las pruebas para la impresión
Stet	Sin correcciones; V.º B.º de corrección
Press	V.º B.º para impresión; V.º B.º para la tirada
To pass the proof for press	Dar el V.º B.º para impresión. Dar el V.º B.º para la tirada
Newsprint	Papel de periódicos
Out of print	Agotado
Stop-press news	Noticias de última hora
Gutter-press	Prensa de poca monta

ADVERTISING AND PUBLICITY — ANUNCIOS Y PUBLICIDAD

Publisher	Editor; impresor; propietario de un periódico
Publishing house	Editorial; casa editorial; editora
Publishing trade	Editoriales; editoras
Editor	Director de periódico; redactor jefe
Editor (U.S.A.)	Titular de una sección o rúbrica de un periódico
Dramatic editor	Crítico de teatro

Sporting editor	Redactor deportivo
Editorial	Artículo editorial; artículo de fondo
Literary agent	Agente literario
Literary property	Derechos de autor; propiedad literaria
Advertising **Advertizing (U.S.A.)**	Anuncios; publicidad; reclamos publicitarios
High pressure advertising	Publicidad excesiva
Advertisement	Anuncio publicitario
Catchy advertisement	Anuncio publicitario con impacto
Advertising manager	Jefe de publicidad
Ad man	Agente publicitario
Publicist	Publicista
Press agent	Agente de prensa
Advertising campaign **Publicity campaign** **Drive (U.S.A.)** **Promotional campaign**	Campaña de publicidad
Institutional advertizing (U.S.A.)	Publicidad prestigiosa
Advertising account	Presupuesto de publicidad
We must curtail our advertising expenses	Debemos restringir los gastos de publicidad
Advertising expenditures **Publicity expenses**	Gastos de publicidad
Mass media	Medios de comunicación para la difusión de la publicidad entre el público
Advertising media	Medios publicitarios

Advertising in newspapers	Publicidad en prensa
Front page advertisement	Publicidad en primera página
Classified advertisement	Anuncio por secciones
Graded advertising rates	Tarifas decrecientes de anuncios
Advertising by posters	Publicidad en carteles
Advertising space	Espacio publicitario
Bill board	Publicidad en vallas; vallas de publicidad
Poster	Cartel publicitario
Poster bearer	Persona que anuncia por medio de dos carteles colgados de los hombros cubriéndole el pecho y la espalda
Sign board	Rótulo; letrero
Animated cartoon	Dibujos animados
Broadcast advertising	Publicidad radiofónica
Advertising schedule	Programación de la publicidad
Advertising live program	Programa publicitario en directo
Deceptive advertising	Publicidad engañosa

LETTERS AND EXPRESSIONS	CORRESPONDENCIA Y EXPRESIONES
The inside address	**La dirección**
Mr. C.D. Smith	Sr. C. D. Smith
Mrs. Peter Horman	Sra. de Peter Horman
Messrs. Hayes and Co	Sres. Hayes y Cía.
Henry Fison Esq.	Sr. D. Henry Fison
Sir George Clark	Sir George Clark («Sir» se aplica a los títulos de la baja nobleza y debe ir seguido del nombre de pila. No debe traducirse)
Messrs.	Señores (abreviado en inglés. Se trata de la palabra francesa Messieurs y es solamente aplicable a los nombres de firmas comerciales o grupos de personas masculinas)
Mesdames	Sras. (solamente se emplea en términos comerciales cuando la firma está dirigida por personas femeninas)

The salutation	**Encabezamiento de las cartas**
Sir, or Dear Sir	Muy Sr. nuestro (mío) (Va siempre seguido de coma)
Dear Sirs	Muy Srs. nuestros (míos) (Va siempre seguido de coma)
Gentlemen (U.S.A.)	Muy Srs. nuestros (míos) (Va siempre seguido de dos puntos)
Dear Madam	Muy Sra. mía (nuestra) (Seguido siempre de coma)
Mesdames	Muy Sras. nuestras (mías) (Va seguido siempre de coma)
Dear Mr. Smith **Dear Mrs. Smith**	Muy Sr. mío (nuestro) y Muy Sra. mía (nuestra). Podría traducirse también por Estimado(a) Sr.(a) Smith. No obstante, en español no suele emplearse el nombre en cartas comerciales

The complimentary close	**Fórmulas de despedida**
Yours faithfully	Fórmula sin traducción que puede interpretarse por la despedida más formal: Quedo (quedamos) de Vd.(s) atto(s). s(s). s(s).

Yours truly **Yours very truly** **Sincerely yours**	Fórmulas sin traducción que pueden interpretarse por despedidas a personas o firmas con las que se tiene cierta confianza derivada de los contratos comerciales. «Atentamente le(s) saluda(mos)», etcétera.

The signature	**La antefirma**
John Carter, manager	John Carter, director (en inglés la antefirma va siempre acompañada del cargo)

Business letters	**Cartas comerciales**
In reply to your letter of 15th of this month	Como contestación a su carta del 15 del corriente
I would be grateful if you could	Le quedaría muy agradecido si pudiera
An early reply will oblige us **A prompt answer would be appreciated**	Agradeceríamos nos enviasen contestación lo más rápidamente posible
I am pleased to acknowledge receipt	Me complazco en acusar recibo

We are sorry to let you know that **We are sorry to inform you that**	Sentimos tener que comunicarle que
Would you be kind enough to examine these suggestions	Le agradeceríamos tuviera la amabilidad de estudiar estas sugerencias
Would you be so kind as to let us know whether...	Le agradeceríamos tuviera la amabilidad de informarnos si…
Would you object to our... **Would you have any objection to our...**	¿Tendría Vd. inconveniente en que nosotros…?
We venture to suggest	Nos permitimos sugerir
Please let us know by return	Les rogamos nos informen a vuelta de correo
I would like to confirm the conversation we had last	Me complace confirmar la conversación que mantuvimos últimamente
We suggest asking an expert for his arbitration	Sugerimos que se consulte a un experto para el arbitraje
Time schedule **Time table**	Horario. Programa
My time is completely booked up just now **My time is entirely taken up just now**	Por el momento tengo el tiempo totalmente ocupado
Time and pressure of business permitting	Si el tiempo y las exigencias del trabajo lo permiten
It's my own concoction	Ha sido pergeñado por mí mismo

If you agree with my suggestion **If you endorse my suggestion**	Si está Vd. de acuerdo con mi sugerencia
Please drop a note into our post box **Please drop a note in our mail**	Le rogamos nos envíe una nota por correo
Will you please take down a few notes	¿Sería tan amable de tomar unas notas?
I am afraid you will have to do this letter again	Me temo que tendrá que repetir esta carta
Have you finished with your work? **Are you through with your work?**	¿Ha terminado ya su trabajo?
Out of consideration for... **Out of respect for...**	En consideración a...
For regularity's sake	Para el buen orden
For reasons of propriety	Por razones de conveniencia
Apply to the proper party **Apply to the right person**	Le rogamos se dirija a la persona que corresponda
Time and again we have tried to get in touch with you	Hemos intentado en diversas ocasiones ponernos en contacto con Vd.
It is a work of time **It can't be done in a day**	Es un trabajo de días. Se necesita tiempo para hacer este trabajo
To put the finishing touches	Dar los últimos toques
With best thanks beforehand **Thanking you in advance**	Les damos las gracias por anticipado
He left me word that...	Me ha hecho saber que...

It's only a try **It's only a feeler**	No es más que una { prueba / tentativa
We were unaware of your intentions	No teníamos conocimiento de sus intenciones
Unlike you, we think that...	Contrariamente a Vds., creemos que...
You have had your way	Ya se han salido Vds. con la suya. Han actuado ustedes según su propio criterio
I am none the wiser for it	A pesar de ello, no sé mucho más
To show zeal	Mostrar interés
Make it doubly sure	Asegúrese por completo
We beg leave to send you **We are taking the liberty of sending you**	Nos permitimos enviarles
Please arrange for... **Please see to it that...**	Le rogamos haga las gestiones necesarias para que...
For all useful purposes **For all pertinent purposes** **To all intents and purposes**	A todos los fines pertinentes
In thanking you for giving the matter your early attention to...	Agradeciéndole haber concedido su atención a este asunto sin retraso alguno para...
Further to your letter	Como continuación de su carta
Assuming that you have not as yet received...	En el conocimiento de que todavía no ha recibido...
As we do not appear to have received your letter...	Como, al parecer, no hemos recibido su carta...

Please find attached...	Adjunto les remitimos...
May I convey our earnest apologies for delay in replying to your letter	Le ruego acepte nuestras más sinceras disculpas por el retraso
Kindly let us have your fresh instructions regarding	Les rogamos nos informen de las nuevas instrucciones sobre...
By order of...	De orden de...
In all inquiries quote...	En todas sus solicitudes, les rogamos hagan referencia a...
We cannot trace having received your original instructions, please send us a duplicate..	Nos es imposible averiguar si hemos recibido sus instrucciones originales, por lo que les rogamos nos envíen un duplicado...
In support of my claim	En apoyo de mi solicitud
Under date of...	Con fecha de...
Received in error	Recibido por error
Barring error on our part	Salvo error por nuestra parte

5

TRAVELS	VIAJES
Traveller **Traveler (U.S.A.)**	Viajero
Travelling allowance **Travel allowance**	Dietas de viaje
Travelling expenses	Gastos de desplazamiento
Booking office **Ticket office (U.S.A.)**	Oficina de reservas; oficina de billetes
To pay full fare	Pagar tarifa completa
At an extra cost...	Con suplemento de...
Only 10% down payment on round trip fare Paris-New York	Solamente el 10% al contado de la tarifa del viaje de ida y vuelta París-Nueva York
Round trip excursion	Tarifa de excursión ida y vuelta
Florence is an art sanctuary	Florencia es un cúmulo de arte
Package tour	Excursiones organizadas
The package tour includes: air fares, class hotel accommodation, local transport, insurance cover including personal accident, medical expenses, loss of baggage up to... including money and valuables	El viaje organizado incluye: billete de avión, alojamiento en hotel de determinada categoría, transportes locales, seguro que cubre accidentes personales, gastos de atención médica, pérdida de equipaje hasta... incluyendo el dinero y los objetos de valor

Failing your advice to the contrary, I book **Unless your instruct me otherwise, I book**	Salvo aviso en contrario por su parte, efectúo reserva
I have pleasure in enclosing herewith your return ticket and Mrs. X's	Me complazco en enviarle adjunto su billete de ida y vuelta así como el de la Sra. X
Ring up the cab stand for a cab **Ring up the taxi rank for a cab**	Telefonee a una parada de taxis para llamar uno
Car plying for hire	Coche de alquiler
Don't double park, to avoid a fine	No aparque en doble fila para evitar una multa
To catch { **bus** / **train** / **ship** / **plane** }	Coger / Tomar { el autobús / el tren / el barco / el avión }
To call for you **To pick you up** **To fetch you**	Pasar a recogerle
I have arranged for a car to meet you at Orly	He realizado las gestiones necesarias para que le espere un coche en Orly
To save time, I'll see you off a the station	Para ganar tiempo, le llevaré a la estación
Report in good time at the airport to meet me there	Preséntese en el aeropuerto con tiempo suficiente para ir a buscarme allí
The first instalment of the motor road **the motorway** **the freeway (U.S.A.)** **the turnpike (U.S.A.)**	El primer tramo de la autopista

Air terminal	Terminal aéreo
Airport	Aeropuerto; aeródromo
At Orly, they are in the process of installing an electronic posting board	En Orly están a punto de instalar un tablero de horarios electrónico
Look up the time table	Consulte el horario
The new time table will come into operation on the 10th April	El nuevo horario entrará en vigor el 10 de abril
Our clocks are being put back one hour	Estamos retrasando los relojes una hora
Set your watch ahead Friday night when time telling station beeps the long tone marking midnight	Adelante el reloj el viernes por la noche cuando el reloj de la central auditiva emita un tono prolongado indicando las 12 de la noche
I have passed through so many time zones **I have passed through so many time belts**	¡He pasado tantas zonas horarias!
Check in	Mostrador de presentación de salidas en el aeropuerto; mostrador de check-in
Excess luggage	Exceso de equipaje
Luggage claim **Baggage counter (U.S.A.)**	Mostrador de retirada de equipajes. Plataforma rotativa de retirada de equipajes
A stand-by list for this flight	Una lista de espera para este vuelo

While awaiting connecting aircraft at the airport, they go on conducting their business	Mientras esperan el tránsito en el aeropuerto continúan tratando de sus asuntos
Airlines serve five continents	Las compañías aéreas dan servicio a cinco continentes
A direct flight	Un vuelo directo; un vuelo sin escala
To break a journney at... **To stop over at... (U.S.A.)** **To stop off at... (U.S.A.)**	Hacer escala en...; interrumpir el viaje en...
Between Paris and Athens, there is an intermediate stopover at Rome	Entre París y Atenas se hace escala en Roma
I am going over to New York on official mission at Government expenses	Voy a Nueva York en misión oficial con gastos por cuenta del Gobierno
Defrayable by	Con cargo a
Since I travel on the house, I receive travelling indemnity based on supporting vouchers	Puesto que viajo por cuenta de la casa, recibo gastos de desplazamiento a la presentación de los justificantes correspondientes
In New York, you can get by on $... a day	En Nueva York se puede tirar con $ ... diarios
Having a wanderlust, **I have knocked about a good bit** **I have gadded about a good bit** **I have been a rolling stone**	Puesto que tengo culo de mal asiento, he dado un montón de tumbos por ahí

To win a travelling scholarship **To gain a travelling scholarship**	Ganar una bolsa de viaje
To hop over to the continent	Dar un salto al continente. Hacer un pequeño viaje al continente (europeo)

At the hotel — En el hotel

Take me to a good hotel	Lléveme a un buen hotel
Take me to a boarding house	Lléveme a una pensión
I want a single bedroom with a bathroom	Quiero una habitación individual con baño
I want a double bedroom	Quiero una habitación doble
I want a room facing south	Quiero una habitación orientada hacia el sur
I want a quiet room overlooking the court-yard	Quiero una habitación tranquila que dé al patio
I want a room overlooking the street, with breakfast, only for one night	Quiero una habitación con vista a la calle, con desayuno incluido, por sólo una noche
Please send up my luggage at once	Que me suban el equipaje inmediatamente, por favor
Do you have any cotton-wool plugs for my ears?	¿Tiene Vd. tapones de algodón para los oídos?

I want a sedative	Deseo un sedante
Please call me at 7 a.m.	Por favor, despiérteme a las siete de la mañana
I propose to stay 5 days at your hotel	Pienso estar cinco días en su hotel
I want the valet to clean my shoes	Deseo que me envíe un sirviente para que me limpie los zapatos
I want the chamber-maid to sew a button on	Deseo una camarera para que me cosa un botón
Hall porter	Portero; conserje
Messenger **Bell boy (U.S.A.)**	Botones
Tout **Touter**	Persona cuya ocupación es proporcionar clientes a los hoteles a cambio de una comisión
At what time do the shops open and close?	¿A qué hora abren y cierran las tiendas?
Please direct me to the business and shopping district **Please direct me to the downtown (U.S.A.)**	Por favor, indíqueme la dirección del sector comercial de la ciudad
Please send the bell-boy to a chemist to have this prescription made up	Por favor, envíe un botones a la farmacia para que me preparen esta receta
The bill does not seem to agree with our arrangements	La factura no parece ajustarse a lo convenido
Bring my luggage down	Haga que me bajen el equipaje

6

ENTERTAINMENT AND SOCIAL EVENTS

FESTEJOS Y ACONTECIMIENTOS SOCIALES

To leave one's visiting card **To give one's calling card**	Dejar la tarjeta de visita
To give one's name **To announce one's name**	Dar el nombre; hacerse anunciar
In lounge suit **In business suit** **In dark suit**	Con traje de ejecutivo
In black tie **In dinner jacket** **In tuxedo (U.S.A.)**	Con smoking
Sporting a carnation	Luciendo un clavel en el ojal
In white tie **In tails**	Con frac
Plastered over with decorations	Cubierto de condecoraciones
At races, in morning coat and grey top hat	En las carreras, con chaqué y chistera gris
Formal **Stiff necked** **Stilted**	Formalista; estirado; afectado
He has four generations of noble ancestry **He comes from 4 lines of high grade nobility**	Tiene cuatro generaciones de antepasados nobles

He is from a very old and famous family	Pertenece a una familia muy antigua y famosa
Free and easy **Free wheeling (slang)**	Sin cumplidos
He keeps up etiquette	Mantiene la etiqueta
He is extravagant	Es extravagante; despilfarrador
He has high flown tastes **He has luxurious tastes**	Tiene gustos lujosos
He is a wolf who lives on his wits	Es un donjuán que vive de su ingenio (de gorra)
He is riding high **He is rolling high**	Pica alto; vive en las altas esferas
She entertains a lot **She keeps up an establishment**	Da muchas fiestas
To live downtown **To live in a good residential section**	Vivir en una zona residencial
The hostess is choosy **The hostess does not ask just anybody**	La anfitriona elige a sus invitados con mucho miramiento. La anfitriona no invita a un cualquiera
She hand picks her guests **She sorts out her guests** **She chooses her guests**	Escoge a sus invitados con mucho cuidado
She seats her guests at the table of honor	Sitúa a sus invitados en la mesa de honor
To be the guest of honor **To be above the salt** **To be at the head table**	Presidir la mesa; ser el huésped de honor
To be below the salt	Ser la última sardina de la banasta; invitado de poca importancia

This table can seat twelve people	Esta mesa tiene capacidad para doce personas
To hobnob with the great **To be on first names terms with the great**	Ser íntimo de los grandes; tratar de tú a los grandes
To rub shoulders with bank magnates	Codearse con los magnates de la banca
To move in the best circles **To move in high society** **To attend influential parties**	Frecuentar la alta sociedad; moverse en los círculos elevados
To entertain a director	Agasajar a un miembro del Consejo de Administración
Entertainment expenses	Gastos de representación
Please don't talk shop **Please sink the shop**	Por favor, no hable de negocios
To talk business over the meal	Hablar de negocios durante la comida
With the aplomb of a wine waiter decanting a fine vintage	Con el aplomo del bodeguero sirviendo una vieja solera
To give a toast **To propose a toast**	Hacer un brindis
Ten years ago, she was the toast of the town	Hace diez años, era la belleza más célebre de la ciudad
To touch glasses	Brindar
Drink makes him sad rather than gay **To be maudlin in one's cup**	Darle llorona

To commit a speech to memory **To memorize a speech**	Aprenderse un discurso de memoria
They were plied with food and drink	Les atiborraron de comida y bebida
Party planner **Social secretary**	Organizador de fiestas o reuniones
Emcee **Master of ceremonies**	Presentador; animador; maestro de ceremonias
Stag party	Reunión o tertulia de hombres solos
Basket party	Reunión en la que los caballeros llevan las bebidas
Hen party	Reunión de mujeres solas
Gabfest	Tertulia de amigos
Galaxy **A brilliant party**	Reunión o fiesta muy brillante
Bash	Reunión con música y baile
Send off	Fiesta de despedida al emprender un viaje. Fiesta de inauguración. Fiesta de debut
She was radiant in her new dress and stole the show	Estaba radiante con su vestido nuevo y atrajo la atención de todos los asistentes
She is very attractive and charming but... much married	Es muy atractiva y encantadora, pero... demasiado casada
To take advantage of the odd day **To take advantage of the day in between two holidays** **To take advantage of the long holiday week-end**	Hacer puente; aprovechar el puente

To have an extended week-end	Hacer un fin de semana prolongado
At a country place **At a rustic lodge**	En una casa de campo
Hot tip (slang)	Información importante; pronóstico
It's a sure bet **Cinch bet**	Apuesta segura
Placed on the rocks by slow horses and fast women...	Arruinado por los caballos lentos y las mujeres ligeras...
To have fun with small bets **To have a little flutter**	Divertirse haciendo pequeñas apuestas
To bet one's all on a horse	Jugarse todo a un caballo Jugarse el resto a un caballo
What about dining out?	¿Qué tal si cenamos fuera? (en un restaurante)
A restaurant with exquisite food	Un restaurante con un menú delicioso
«Wheeler» the red plush fish restaurant in Soho	«Wheeler» el lujoso restaurante victoriano de pescado en el Soho
Superb luncheon	Un magnífico almuerzo
A dash of Martini	Un chispazo de Martini
To drink a neat whisky straight	Beber whisky solo
This is my turn **This is my treat** **This is my round**	Es mi ronda. Yo invito
The check is on me	Es por mi cuenta
To foot the bill **To pick up the tab**	Pagar la cuenta

What would you like: meat or fowl?	¿Qué te gustaría tomar? ¿Carne o aves de caza?
I'm not keen on fowl, I prefer rare meat	No soy muy aficionado a las aves de caza, prefiero la carne poco hecha
To take to French food	Aficionarse a la comida francesa
To call on **To pay a visit**	Visitar
To drop in **To pop in**	Pasarse por; visitar sin previo aviso
Call on us when you hav the time **Come to see us when you have spare time** **Drop by when you have spare time**	Visítanos cuando tengas un rato libre
I take you to the movies	Os invito al cine
I take you to the theatre	Os invito al teatro
I take you to the ballet	Os invito al ballet
I take you to an exhibition	Os invito a ir a una exposición
I take you to a full dress rehearsal	Os invito a un ensayo general
I take you to a private showing	Os invito a una proyección privada
I take you to the opening night	Os invito al estreno
To receive a complimentary ticket **To receive a free ticket**	Recibir una invitación
To book an orchestra seat (U.S.A.) **To book a stall (U.K.)**	Reservar una butaca de delantera

To reserve a folding seat **To reserve an aisle seat**	Reservar una entrada de silla plegable
You missed out a marvelous painting exhibition	Te has perdido una maravillosa exposición de pintura
Miss X. starred in	La Srta. X ... protagonizó ... La Srta. X ... protagonizó el papel principal en ...
To be a ham (slang)	Ser un comediante; ser un farsante
No criticism was passed on the play	No se formó ningún juicio crítico sobre la obra (de teatro)
To be panned (slang)	Echar por los suelos por la crítica
To have excellent notices	Tener críticas excelentes
To practise English words **To look over English words** **To review English words**	Repasar palabras inglesas
To jabber English **To speak broken English**	Chapurrear inglés
To have a smattering of English	Tener un conocimiento superficial del inglés
His French is not even vestigial	Su francés no es ni siquiera rudimentario
To speak and write English fluently	Hablar y escribir inglés con fluidez
To have a perfect command of English	Tener un dominio total del inglés
Open book translation **Simultaneous translation**	Traducción simultánea

He speaks French, Russian and also Spanish	Habla francés, ruso y también español
Your Excellencies, Ladies, Mr. Chairman, Gentlemen...	Excelencias, señoras, señor Presidente, caballeros...
I am speaking under two handicaps	Estoy hablando con dos impedimentos
To deliver a eulogy	Hacer un elogio
To pay tribute	Rendir tributo
To be touched by your tokens of sympathy	Estar emocionado por tus muestras de simpatía
Lip service **Casual talk**	De palabra
To lip read	Leer en los labios
Let us drop casual talk and speak in earnest **Let us stop this chit-chat and speak in earnest**	Dejemos esta palabrería y hablemos en serio
To beat about the bush **To shilly-shally**	Dar palos a ciegas
To clear up misunderstandings and crosspurposes	Aclarar malentendidos y despropósitos
To avoid bores	Evitar los pelmazos
To cold-shoulder	Tratar fríamente
To cut someone dead	Volver la espalda a alguien
To humour him	Complacerle
To keep on good terms with him	Mantener buenas relaciones con él
Let me show you where you can wash up your hands	Permítame enseñarle dónde se encuentra el lavabo
What sports do you go in for?	¿Qué deportes practica usted?

To speak his mind	Decir sus intenciones; sus pensamientos
To get a word in **To chime in and say**	Meter baza en la conversación para decir...
Sometimes it's better to slide over a delicate question	A veces es mejor pasar por alto una cuestión delicada
To interrupt people talking is impolite	Interrumpir una conversación es de mala educación
Let the discussion be general **Don't be personal**	No personalices
To disturb **To bother** **To put you out** **To inconvenience**	Molestar
An extra **A walker on part**	Un extra; un actor secundario
At the invitation of...	Por invitación de...
I have pleasure to bring to your attention	Me complazco en poner en su conocimiento...
Either on an exchange of hospitality basis, or as family paying guest, or «au pair»	Bien en términos de intercambio, o como huésped de pago en familia, o como «au pair» (prestación de servicios domésticos a cambio de alojamiento y alimentación)
To resort to taking-in paying guests to supplement one's resources	Recurrir a tomar huéspedes para complementar los ingresos
To make a convenience of someone	Abusar de la bondad de alguien

To outstay someone's welcome	Abusar de la hospitalidad de alguien
To be indebted to someone for **To be beholden to someone for**	Estar en deuda con alguien por...
Chequered career	Carrera llena de vicisitudes
Without demur	Sin dificultades; sin inconvenientes

7

BUSINESS EXPRESSIONS	EXPRESIONES DE NEGOCIOS
I won't forget this **I'll keep it in mind**	No lo olvidaré; lo tendré en cuenta
Double or quit	Doble o nada
To have old scores to settle	Tener viejas cuentas que saldar
It will tide me over **It will help me out**	Eso me sacará de apuros
...Of what was afoot	... de lo que estaba en marcha
It will cost you a pretty penny	Le costará un buen pico
That will butter your bread **That brings grist to the mill**	Eso mejorará tu situación
Would you accept to enter into a joint venture in Canada?	¿Aceptaría Vd. participar en una empresa conjunta en Canadá?
To be still making a benefit **To still be in the money**	Todavía se gana dinero
The inception is promising	El comienzo (de la empresa) es prometedor
Under existing circumstances	En las actuales circunstancias

To illustrate **To exemplify**	Poner un ejemplo
Jack pot (slang)	El gordo; el premio gordo
To hit the jackpot (slang)	Tocar el gordo
To be wide of the mark	Estar equivocado; estar muy lejos de la verdad o de la realidad
Sphere of activity **Field of activity**	Campo de actividades
To raise the ante **To raise the bid**	Aumentar la aportación inicial
To derive a profit from...	Retirar unos beneficios de...
We are confronted by a very difficult problem	Nos enfrentamos a un problema muy difícil
For the purpose of discussion, it will be assumed that...	Para entablar la discusión, se supondrá que...
The premises are well located	Los locales están bien situados
As a guidance **As a guide line**	Para su gobierno; como línea de conducta
To go halves with them **To go Dutch with them**	Ir a medias con ellos
Extortion of funds **Shakedown**	Malversación de fondos
To band together	Coaligarse
To live up to one's obligations	Cumplir sus obligaciones
To edge up	Ascender insensiblemente
To make money on **To cash in on...** **To get a cut (slang)**	Hacer dinero con...

More or less **So so (slang)**	Más o menos
At this auction sale, my agent drops out at one million **At this auction sale, my agent stops bidding at one million**	En esta venta de subastas mi agente se retira en el tope de un millón
That's how I figure it out (slang)	He ahí como cifró el asunto
To approve the bills **To O.K. the bills**	Aprobar las facturas
A general agreement **A package deal**	Convenio general
To straighten out this matter	Poner en orden este asunto
To contribute	Cotizar; aportar; contribuir
To pool together	Compartir los gastos
To regret one's words	Lamentar lo dicho
To eat one's words	Retirar lo dicho; retractarse de lo dicho
I'll make you pay for that **I'll get even with you for that** **You will be sorry for that**	Me las pagarás. Ya saldaremos cuentas
To face the music (slang) **To pay the piper (slang)**	Pagar los vidrios rotos
Off the record **Off the cuff (slang)**	Oficiosamente
To do business on a multinational scale	Hacer negocios a escala internacional

To give a free hand	Dar carta blanca
To have elbow room (U.S.A.)	Tener campo libre; tener vía libre
To play on velvet **It's all smooth sailing**	Fácilmente; como una balsa de aceite
This business in dragging on	Este asunto se está prolongando mucho
To frame up	Amañar (un asunto, el resultado)
He was bought out for ... francs	Le compraron su participación de socio por ... francos
To fulfil one's responsibility	Cumplir con sus compromisos
To carry out one's undertaking	Realizar su misión; llevar su empresa a buen fin
To upset someone's apple cart	Sembrar la confusión en alguien
To refloat a concern **To relaunch a business**	Sacar a flote un negocio
To bring forward a proposal	Presentar una propuesta
To put aside a question **To sidetrack a question** **To shelve a queestion**	Descartar una cuestión
Everything works out as planned **Everything goes like clockwork**	Todo marcha como estaba previsto
This is a long shot	Parece imposible
By rule of thumb	A ojo de buen cubero
To get things started **To set in motion** **To set the ball rolling**	Poner las cosas en marcha

The success depends mainly on a great many intangibles	El éxito depende principalmente de los imponderables
Major imponderable	El principal imponderable
Without any plausible ground **Without any good reason**	Sin razón plausible; sin una buena razón
A failure **A wash out** **A fiasco**	Un fracaso
To misfire **To peter out** **To fizzle out**	Fracasar
To draw a blank	No conseguir nada
It did not succeed **It did not come off**	No tuvo éxito; no salió bien
To mess up everything	Echar a perder todo
To come a cropper (slang)	Fracasar totalmente; darse un batacazo
To stand still	Permanecer inmóvil; no tomar iniciativas
It was a foregone conclusion	Estaba previsto; la conclusión era previsible
To close the deal **To clinch the deal (slang)**	Cerrar un trato
This Co acts on the sly **This Co acts furtively** **This Co acts underhandedly**	Esta compañía actúa bajo cuerda
The ins and outs of this business	Los pormenores de un asunto; el intríngulis de un asunto

Showdown	Poner las cartas boca arriba; el momento de la verdad
Impasse	Callejón sin salida; punto muerto; impás
In a stalemate	En punto muerto
It's a long winded business	Es un asunto de mucho trabajo; es un negocio de mucha duración
The pros and cons have been considered	Se han considerado los pros y los contras
The odds are better	Las posibilidades son mejores
This is the overriding consideration	Esta es la razón determinante
I shall revert in due course	Volveré a ello en su debido momento
On the understanding that...	En el entendimiento de que...
Keeping abreast of changing conditions and legislation	Manteniéndose al tanto de las condiciones y de la legislación cambiantes
Pending final arrangement	En espera de un acuerdo definitivo
To sustain a loss	Sufrir una pérdida
A reliable assistance **A sterling assistance**	Una valiosa ayuda
A sterling character	Una persona de ley
Is there a tie in between the two questions?	¿Existe relación entre las dos cuestiones?
Everything evens out in the end	Todo se arregla al final; todo se salda a fin de cuentas

You look for more into this agreement than is justified	Busca Vd. más complicaciones en este convenio de las que puede haber
We cannot explain **We cannot account for it**	No podemos explicarlo
We will not get through all this paper work to day	No terminaremos hoy con todo este papeleo
Something is wrong	Algo va mal
Something is brewing **Something's up**	Se está cociendo algo
To touch on the problem **To skim over the problem**	Tocar el problema; tratar superficialmente el problema
To go into it with **To associate with**	Asociarse con
Such an opportunity is not to be sneezed at **Such an opportunity cannot be overlooked**	No se debe desdeñar una oportunidad semejante
We believe there may be a considerable area of mutual interest and look forward to hearing from you	Creemos que puede existir un campo considerable de intereses comunes y esperamos tener noticias suyas
To adopt a common position **To adopt a joint stand**	Adoptar una postura común
The news spread at once in the City **The news got about at once in the City**	La noticia se ha extendido inmediatamente por la ciudad («The City» = centro comercial y financiero de Londres)
I have half a mind to take the chance **I am almost decided to try my luck**	Estoy casi decidido a probar fortuna

I have taken the hint	He captado la alusión
It's of great import	Es de gran importancia
We are justified in thinking	Estamos perfectamente autorizados para creer
He knows his business thoroughly **He is a thorough master of his trade**	Conoce su profesión a fondo; domina su profesión
At odd times	A ratos perdidos
If it were otherwise	Si fuera de otra manera
We make it a point to...	Tenemos por principio...
We have made it a practice to...	Tenemos por costumbre...
I will not press the point	No insistiré más allá
They say in high quarters that...	Se dice en las alturas que...
That serves them right	Les está bien empleado
In this matter, I am his spokesman	En este asunto soy su portavoz
I don't know how to go about it	No sé como ponerme a hacerlo
The crisis has reached its head **The crisis has reached its peak**	La crisis ha alcanzado su fase culminante
It is clear and above board	Está claro y sin dudas
And I will not retract my words	No me retractaré de mis palabras
Everything has been carried through **Everything has been carried out**	Se ha terminado todo

And everything in character	Y todo en armonía
To defeat one's aims **To go against one's aims**	Ir en contra de sus propios intereses
Foresight is better than hindsight	Prevenir es mejor que lamentar
To pass	Aprobar; tomar una decisión
To pass a bill	Aprobar un proyecto de ley
To take steps	Hacer gestiones; tomar medidas
To pinpoint	Señalar con precisión
To do a roaring trade	Hacer negocios espectaculares
To have a vested interest in a concern	Tener intereses sólidos en una empresa
This is not businesslike	Esto no es sistemático
To conduct a survey	Realizar una inspección
This record is provisional	Este informe es provisional
After which period the record will be considered definitive	Después de dicho período, el informe se considerará definitivo
To keep pace with	Mantenerse al tanto; marchar al paso de
Money matters	Asuntos de dinero
To bear intrest at **To bring interest at** **To carry an interest of** **To yield an interest of**	Manifestar interés por

8

COMPANIES	SOCIEDADES
TYPES OF COMPANIES	**TIPOS DE SOCIEDADES**
To form a company	Fundar una sociedad
A company promoter	Un fundador de sociedades
A business promoter	Un promotor de empresas
Corporate name **Name of a company** **Style**	Razón social
Logo	Siglas
Memorandum of association	Acta de constitución de una sociedad
The articles of association	Los estatutos de la sociedad
The by-laws	El reglamento de régimen interior de una sociedad
Head office	Oficina principal
Registered office	Sede social; domicilio social
Further action lies with head office	Las medidas posteriores a tomar dependen de la oficina principal
Parent house	Casa principal; casa matriz

Subsidiary **Affiliate**	Filial: Compañía subsidiaria: intervenida por la casa matriz que posee más del 50% de las acciones Compañía afiliada: intervenida por la casa matriz que posee menos del 50% de las acciones
Branch	Sucursal; agencia
The inception of our new branch	La puesta en servicio de nuestra nueva sucursal
They have branches all over England	Tienen sucursales en toda Inglaterra
Partnership	Sociedad colectiva; asociación de personas en nombre colectivo
Articles of partnership	Escritura de sociedad
Limited partnership	Sociedad comanditaria
Acting partner **Active partner**	Socio colectivo; socio gestor
Limited partner **Dormant partner** **Sleeping partner**	Socio comanditario
General partnership	Sociedad regular colectiva
General partner	Socio colectivo
The senior partner and the junior partner	El socio principal o más antiguo y el segundo asociado
Mr. James Parker and associates	El Sr. James Parker y asociados; el Sr. James Parker y Cía.

Limited liability Co	Sociedad de Responsabilidad Limitada
Private limited Co	Sociedad de Responsabilidad Limitada
Exempt private Co	Asociación familiar
Limited Co **Joint stock Co**	Sociedad anónima por acciones
Public limited Co	Sociedad anónima
Open end investment Co	Sociedad de inversiones con capital variable
Close end investment Co	Sociedad de inversiones de capital fijo
Balanced funds	Fondos correspondientes a acciones y obligaciones
Diversified common stock funds	Fondos de acciones ordinarias diversas
Growth stock funds	Fondos de acciones por aumento de capital
Trust	Trust (reunión de sociedades mercantiles formada para mantener en beneficio de todos ciertos acuerdos)
Combine	Monopolio; cartel (asociación de varias entidades industriales principalmente para evitar la competencia, regular la producción y los precios)
Horizontal combine	Consorcio o asociación industrial de tipo horizontal
Trade association	Asociación profesional

Holding Co	Holding (sociedad de cartera tenedora de acciones de compañías subsidiarias)
Utilities	Servicios públicos
Publicly - owned establishments	Establecimientos públicos
International public utility	Servicio público internacional
Society	Sociedad o asociación sin fines lucrativos
Charity fund	Fundación de caridad; fondos caritativos
Large multinational companies are prime credit names	Las grandes compañías multinacionales representan los nombres que disfrutan del crédito de mayor importancia
International giants gobble up small companies	Los gigantes internacionales absorben a las compañías pequeñas
A wide spectrum of companies	Una amplia gama de compañías
The projected amalgamation of the two companies	La fusión proyectada de las dos compañías
Vendor company	Compañía de aportaciones
A firm of old standing	Una firma establecida desde hace mucho tiempo; una empresa de gran reputación
Bogus company	Empresa de camelo; empresa fantasma

Close company	Empresa de asociaciones limitadas (empresa constituida por un número reducido de accionistas)

BOARDS OF DIRECTORS AND ANNUAL MEETINGS	**CONSEJO DE ADMINISTRACION Y JUNTAS GENERALES**

Honorary chairman	Presidente de honor
Chairman and managing director **President (U.S.A.)**	Presidente-Director general
Chairman	Presidente del Consejo de Administración
The chairman has the casting vote	El presidente tiene voto decisivo, preponderante o dirimente
The chairman presides over the board	El presidente preside el Consejo de Administración
Deputy chairman **Vice chairman**	Vicepresidente
The chairman calls a board meeting	El presidente convoca una Junta del Consejo
The chairman convenes a board meeting to talk things over at the top and adopt a guideline	El presidente convoca una Junta del Consejo para estudiar los asuntos de alta política de la empresa y adoptar una línea de conducta

The meeting was called off	La Junta fue cancelada
The chairman is trying to play down the scandal	El presidente está intentando minimizar el escándalo
Managing director	Consejero delegado
Director	Consejero
Directors have qualifying shares	Los consejeros tienen acciones con garantía
The chairman and the directors have voting capacity	El presidente y los consejeros tienen capacidad de voto
Censors have only advisory capacity **Internal auditors have only advisory capacity**	Los censores de cuentas solamente tienen capacidad consultiva
Director's fee **Director's tally**	Dieta de asistencia
Board secretary	Secretario del Consejo de Administración
The attendance list	La lista de asistencia
Time book	Registro de asistencia
The minutes book	Registro de minutas
The minutes, as circularised in document No... were approved	Las minutas, tal como se difundieron en el documento núm. ..., fueron aprobadas
Coming from the chair and the management	Procedentes del presidente y de la Dirección general
I am placing the matter before the board	Someto el asunto a la consideración del Consejo de Administración
To grace the meeting with one's presence	Honrar a la Junta con su presencia

To put on the agenda	Incluir en el orden del día
Any other business	Otros asuntos; varios (en el orden del día)
The points at issue	Los puntos en discusión
To guide the discussions, this is a tentative agenda which covers, I hope all the questions to be discussed	Con el fin de que sirva de guía para las discusiones, este es un proyecto de orden del día que confío que cubra todas las cuestiones a discutir
A mis-statement	Una declaración equivocada
A misrepresentation	Una tergiversación; una relación falsa
Information meeting	Reunión de información
Just informal and exploratory discussions	Solamente discusiones informales y exploratorias
To raise a question	Suscitar una cuestión
To initiate discussions	Comenzar las discusiones
To examine a question in all its bearings	Examinar una cuestión en todos sus sentidos
To air out a situation	Aclarar una situación
The board lets the question stand over	El Consejo deja la cuestión en suspenso
Report back to the board	Informen de nuevo al Consejo
A realistic appraisal not an emotional approach must guide our decision	Debe guiar nuestra decisión una apreciación realista y no una aproximación emotiva
I would be leery of another meeting	Yo desconfiaría de otra Junta

Were you able to put this idea over at the meeting?	¿Puede Vd. hacer que se aceptase esta idea en la Junta?
Considering the magnitude of the interest at stake, the board overrules all decisions	En consideración a la magnitud de los intereses en juego, el Consejo supervisa todas las decisiones
To crack down **To put one's foot down**	Dar pruebas de mando; demostrar autoridad
Creation of a working team	Creación de un equipo de trabajo. Creación de un grupo de trabajo
To implement the working team's recommendations	Poner en práctica las recomendaciones del grupo de trabajo
Make sure the executives carry out the policy the Board has laid down	Asegúrese de que los ejecutivos llevan a cabo la política marcada por el Consejo
Was there anything left over at this meeting?	¿Se dejó algo sin tratar en esta Junta?
The committee then rose	El comité levantó la sesión
The board meeting then adjourned for lunch	La Junta del Consejo quedó entonces aplazada hasta después de la comida
The board meeting then terminated	La sesión del Consejo se dio entonces por terminada
The annual general meeting of shareholders gave final discharge to the directors	La Junta General de Accionistas depuso al Consejo de Administración
Scrutineer	Escrutador (persona que realiza el recuento de votos en las Juntas)

Voting rights	Derecho de voto
Plurality	Mayoría. En EE. UU.: mayoría relativa
To be more accountable to their shrareholders	Presentar más detalles de cuentas a sus accionistas

MANAGEMENT — DIRECCION

A new management takes office	Toma posesión una nueva dirección
Managing committee **Executive committee**	Comité ejecutivo
Managing director	Consejero Delegado
Manager	Director General
Acting manager	Director Gerente
Former manager	El anterior director
Deputy manager **Joint manager**	Director Adjunto; Adjunto a la Dirección
Assistant manager	Subdirector; Director Adjunto
Sub manager	Subdirector
District manager	Director Regional
Company secretary	Secretario General
In the capacity of secretary	En calidad de secretario
Department head **Departmental manager**	Jefe de departamento
Chief clerk	Jefe del Servicio de Administración

Chief clerk **Signing clerk** **Holder of procuration**	Apoderado
He holds a power of attorney for...	Se le ha nombrado apoderado para... Se le ha concedido poder para...
Management consultant	Consultor de la Dirección Consultor de organización
Consulting engineer	Ingeniero consultivo
Office manager	Jefe de oficina
Office boy	Botones
Comptroller	Interventor
Controller	Director de Contabilidad
Controllership (U.S.A.)	Intervención de cuentas
Personnel manager **Staff manager**	Jefe de personal
Sales manager	Director comercial; jefe de ventas
Senior executives **Senior management** **Senior staff** **Higher executives**	Escala / Cuerpo / Mando — Superior Ejecutivo(a)
Officer	Alto funcionario civil; oficial militar (de alférez en adelante)
Officers of the company	Altos empleados de una compañía
Junior executives	Cuerpo / Mando / Escala — Medio(a) Ejecutivo(a)

He is acting as secretary	Realiza la función de secretario
Mr. X. is my right hand man	El Sr. X es mi mano derecha
My confidential clerk	Mi empleado de confianza
They use him as a henchman	Le emplean como hombre de paja
Finance department	Servicio Financiero
Buying department **Purchase department**	Departamento de Compras; Aprovisionamiento
Claim department **Legal department** **Law department**	Departamento jurídico-contencioso; Asesoría Jurídica
Book keeping department **Accounting department**	Departamento de Contabilidad
Record department	Departamento de Archivo
Research department	Departamento de Investigación
Upkeep department	Departamento de Mantenimiento
Medical department	Servicio médico
Principal	Comitente
Agent	Mandatario; delegado
General agent	Agente general; mandatario general
Particular agent	Mandatario a cargo de un asunto en particular

EMPLOYMENT	EMPLEOS
Underemployment	Subempleo
We are short-handed at present	Nos falta personal en la actualidad
Employment office	Oficina de trabajo
Recruiting drive	Campaña de reclutamiento de personal
To take on employees	Tomar empleados; contratar empleados
To staff up	Reforzar el personal
To hire away bright young men from a competitor	Contratar jóvenes brillantes de un competidor
A vacancy **An opening**	Una vacante
Calling	Oficio; profesión; empleo; vocación
To put in for...	Presentarse a...; hacer oposiciones para un cargo
To wish to be considered for a post **To apply for a post**	Solicitar un puesto
Please bear my name in mind	Le ruego tenga en cuenta mi nombre
To put in for a full time job	Presentarse para un puesto de jornada completa
Record date	Fecha de inscripción
By work	Trabajo ocasional
To moonlight	Tener pluriempleo

Moonlighter	Pluriempleado; persona pluriempleada
Curriculum vitae **Data sheet** **Resume**	Curriculum vitae
His data sheet mentions he passed out first with mention very good in the university	Su curriculum vitae menciona que salió el número uno en su promoción en la Universidad con la mención de «Sobresaliente»
With first class honours	Con Sobresaliente
With second class honours	Con Notable
With third class honours	Con Bien
A pass degree	Con Aprobado o Suficiente
How long has Mr. X. been in your employ?	¿Cuánto tiempo hace que está el Sr. X a su servicio?
To withdraw one's candidature **To withdraw one's candidacy** **To withdraw one's application** **To stand down**	Retirar su candidatura; retirar su solicitud
To place an application before the Committee at their next meeting	Presentar una solicitud ante el comité en su próxima Junta
Your name has been put forward in connection with a vacancy	Se ha adelantado su nombre con referencia a una vacante
Kindly call at my office	Le ruego se pase por mi despacho

I hope you will get into the Co	Espero que entre en la compañía
We shall submit your application to our staff manager	Remitiremos su solicitud a nuestro Jefe de Personal
To treat each case individually on its merits	Tratar cada caso individualmente según sus méritos
To vet an application	Examinar cuidadosamente una solicitud de empleo
No stature **Low caliber of the man**	Hombre o persona de poca envergadura
He is even-handed	Es imparcial
He is discriminating	Posee criterio; tiene capacidad para discernir
To meet deadstand	Encontrar fuerte oposición
To be turned down	Ser rechazado; ser reprobado
I'll take on the job	Acepto el empleo
Labour laws	Reglamentación del trabajo
Health Insurance	Seguridad Social
Social security benefits	Prestaciones de la Seguridad Social
Vocational training	Formación profesional
Welfare recipient	Beneficiario de la Seguridad Social
Occupational diseases	Enfermedades profesionales; enfermedades derivadas del puesto de trabajo
Incapacitation for work	Incapacidad laboral
Residence permit	Permiso de residencia
Work permit	Permiso de trabajo

You have to comply with the formalities provided for in the regulations	Debe Vd. cumplir las formalidades previstas por la reglamentación
He has to undergo a routine checkup	Debe pasar por una revisión médica rutinaria
Assignment	Asignación; tarea señalada a una persona
Posting	Nombramiento para un puesto o mando
Slong	Trabajo; tarea; tajo

SUMMARY OF ACTIVITIES DURING A PERIOD OF SERVICE

ACTIVIDADES RELACIONADAS CON EL SERVICIO

Period in office	Tenencia u ocupación de un puesto; período de desempeño de una función
Sense of duty **Devotion to duty** **Integrity**	Sentido del deber; conciencia profesional
To work overtime	Hacer horas extraordinarias
To be on part time	Trabajar con jornada reducida
He is engrossed in his work	Está enfrascado en su trabajo
Technical ability	Competencia profesional o técnica

He is very much on the ball **He is groovy**	Está al día; al tanto; al corriente
He is framing well	Encaja bien; presenta buena disposición
He discharges his duty with integrity	Cumple con su deber con conciencia profesional
To seek to be first	Buscar ser el primero
To scheme for a key post	Pretender un puesto clave
To succeed **To do well**	Tener éxito
To want to stay put	Querer permanecer en el empleo
To have a routine **To get into a groove**	Hacerse rutinario; embotarse; adocenarse
Intellectual fatigue **Brainfag**	Agotamiento intelectual
He is apple polishing his boss for a raise **He is buttering up his boss for a raise**	Hacer la pelota a su jefe para que le aumente el sueldo
X. has espied Y.	X. ha descubierto a Y.
Brainwashing **Indoctrination**	Lavado de cerebro; adoctrinamiento
Boon	Privilegio; favor
Windfall	Favor; ganga
His request has been pigeonholed	Se ha dado carpetazo a su petición
Promotion roster	Escalafón; relación de promoción

If you have done well, you are promoted to a more responsible post, if you have failed to come up to expectations, you are dropped	Si ha tenido éxito se le promociona a un puesto de más responsabilidad, si no ha tenido éxito en realizar lo que se esperaba de Vd. le despedimos
He is in line for the next promotion	Se encuentra en línea para la próxima promoción. Se cuenta con él para la próxima promoción
The following promotions were gazetted	Las siguientes promociones fueron publicadas en el «Boletín Oficial del Estado»
To come up through the ranks and become manager	Subir todos los escalones categoriales y llegar a director
Since he has been promoted, he turned his back on his former colleagues	Desde que le han promocionado ha vuelto la espalda a sus antiguos compañeros
You cannot net $ 10 000 a week without prolonged overtime and midnight oil	No se puede sacar unos ingresos netos de $ 10.000 a la semana sin horas extraordinarias y trabajos nocturnos
His work is good, fair, mediocre	Su trabajo es bueno, regular, mediocre
To balk at the work	Poner mala cara al trabajo
To do all anyhow	Hacer todo de cualquier manera
He is not able to keep a job	Es incapaz de conservar un trabajo
He is indispensable	Es imprescindible
To be on the shelf	Estar arrinconado

Skeptics never make the organizational grade	Los escépticos no llegan nunca a las escalas superiores de organización
A pittance	Salario insuficiente
It is his livelihood **Is is his bread and butter**	Es su cocido; es su «modus vivendi»
He keeps the fire burning **He brings home the bacon**	El paga el cocido; gana la subsistencia de su familia
Pocket money	Dinero para gastos
Pocket money job	Trabajo que proporciona el dinero para gastos
A fat job **A plum job** **A cushy job**	Una canonjía; una sinecura
A ranking job	Un trabajo de importancia o rango
A cosy little job	Un enchufe; un trabajo cómodo
To be a slave-driver **To keep someone on the go**	Ser un negrero; hacer currelar a alguien
Give him a square deal	Dale lo que le corresponde por derecho
He is in civil service **He is in state employment**	Es funcionario público; pertenece a la Administración del Estado
To hold several offices	Acaparar varios puestos
Relinquishment of office	Abandono del deber
Trainee	Persona que está de prueba; persona que hace prácticas

On the job training	Aprendizaje sobre la marcha; entrenamiento en el trabajo
Thanks to vocational training, it was open to them to improve their situation	Gracias a la enseñanza profesional, se les abrió el camino de mejorar su situación
A probationary employee takes up his duty	Un empleado a prueba toma posesión de su cargo
A permanent employee takes up his duty	Un empleado fijo toma posesión de su cargo
Period of probation	Período de prueba
The fixing of commencing salary	La asignación de un sueldo de entrada
Accredited personnel **Serving personnel**	Personal en activo
At the command...	A las órdenes de...
Ready to do someone's bidding	Dispuesto a cumplir las órdenes de alguien
Payroll	Nómina
Not on the strength **Special service personnel**	Personal no incluido en escalafón; personas de servicios especiales
Wage	Jornal
Salary **Emolument** **Stipend**	Salario; sueldo; emolumentos
Perquisites	Pluses
To freeze salaries for one year **To schedule a one year pay pause**	Congelar los salarios durante un año

The basic salary	El salario base; el sueldo base
Incentive bonus	Prima de productividad
The rate of wages	El coeficiente salarial
The range of wages **The scale of wages**	La escala salarial
Pay increase according to seniority	Pagar la antigüedad
Back pay	Atrasos
The escalator clause	La cláusula de reajuste de salarios
Staff share in profits	Participación del personal en los beneficios
Statutory holiday	Fiesta oficial
Holidays with pay	Vacaciones pagadas
Fringe benefits date back...	Los beneficios suplementarios datan de...
Annual salary plus additional incomes	Sueldo anual más rendimientos complementarios
To maintain unlimited spending standard of living	Para mantener un tren de vida sin límite, fastuoso
A profit sharing scheme	Un plan de participación en los beneficios
Annual profit sharing bonus	Prima anual de participación en los beneficios; paga de beneficios
The truck system	Pago de salarios en especie
He is on the road	Se encuentra de viaje
Travel claim	Solicitud de gastos de viaje
To indemnify	Indemnización
By routine	Por rutina

To overstay one's holiday **To overstay one's leave**	Exceder el número de días de vacaciones
The extra days will not come off your next leave **The extra days will not be deducted from your next leave**	Los días de más que se ha tomado no se descontarán de sus próximas vacaciones

TERMINATION OF SERVICE — CESE EN EL SERVICIO

Dismissed as redundant with a month's severance pay	Despedido como sobrante con un mes de indemnización por ruptura de contrato
Redundancy payment **Severance pay**	Indemnización por despido
A dummy clerk is weeded out	Se ha eliminado un empleado fantasma
Redundancy **Overstaffing**	Exceso de personal
Deadwood **Redundant personnel**	Personal inútil
Overstaffed personnel	Personal en exceso
To weed out all unnecessary clerks	Eliminar a todos los empleados que no sean imprescindibles
A clerk equal to the occasion	Un empleado a la altura de las circunstancias

I cannot dispense with this clerk always up to his task	No puedo pasarme sin este empleado que siempre está a la altura de su trabajo
To give reiterative warnings	Hacer repetidas advertencias
Admonition against one's laziness	Amonestación o admonición contra su pereza
To give notice	Notificar un despido
Last in, first out system **Bumping** **Backtracking**	Uso corriente en las empresas consistente en el despido de los últimos contratados en caso de disminución de plantilla
It is a hard and fast rule	Es una norma a seguir a machamartillo, de cal y canto
To ease out	Echar con delicadeza
To dismiss **To discharge**	Despedir
A wrongful dismissal	Un despido injustificado
To stand off	Estar en paro o desempleo
To fire **To kick out** **To chuck out** **To sack**	Despedir; echar; dar el portante
Provision for legal end of service bonus	Previsión de indemnización por terminación legal de prestación de servicio
Ex-gratia payment from the Co	Pago gracioso por parte de la compañía Pago voluntario por parte de la compañía

Unemployment	El paro
Jobless	Los desempleados; los parados
Unemployment benefit **Unemployment compensation**	Indemnización de paro o desempleo
To be jobless **To be unemployed** **To be workless** **To be out of work** **To be on the dole list**	Estar en paro o desempleo
To retrain people thrown out of work	Preparar de nuevo a las personas que se encuentran en paro
Advanced retirement	Jubilación anticipada
The mandatory retirement age	Edad de jubilación obligatoria
Superannuation	Jubilación por inhabilitación debido a la edad Pensión de jubilación por inhabilitación debido a la edad
To pension off	Conceder la jubilación
Old age pensions	Pensiones de vejez
Superannuation fund	Fondos de jubilación; caja de clases pasivas
To collect the arrears of a pension	Cobrar los atrasos de una pensión
For the provision of pensions	Para previsiones de jubilación
To pare down a pension **To whittle down a pension**	Rebajar una pensión

9

BANKS	BANCOS
BANKING COMMUNITY	**LA SOCIEDAD BANCARIA**

Banking policy	Política bancaria
Banking regulations	Reglamentación de la Banca
Central bank	Banco de emisión
The Central bank is the mainstay of the banking system	El banco de emisión es el soporte principal del sistema bancario
Private bank	Banca privada
Banking syndicate	Consorcio bancario
Bankers' clearing house	Cámara de compensación bancaria
Backed by three banking houses	Respaldado por tres establecimientos bancarios
Parent company	Casa central; casa matriz
Subsidiary **Affiliate**	Filial
Branch expansion	Expansión de agencias
Opening of new branches	Creación de nuevas agencias
Sub office	Urbana
Country bank	Banco rural
District bank	Banco regional

Correspondent bank	Corresponsal
Representative offices abroad	Corresponsales en el extranjero
Fixed ties to London based consortiums	Estrechas relaciones con los consorcios establecidos en Londres
Authorised foreign exchange bank	Banco autorizado para el cambio de divisas
Commercial bank	Banco de depósito
Savings bank	Caja de ahorros
Discount bank	Banco de descuento
Land bank **Mortgage bank**	Banco hipotecario
Popular bank system	Bancos de crédito popular
Merchant bank **Investment bank (U.S.A.)**	Banco mercantil; banco de inversiones
Advent of investment banks	Advenimiento de los bancos mercantiles
Trust bank	Banco de depósito (en cuestiones de herencias)
Issuing house	Bancos de inversión
Finance company	Sociedad de financiación
Unit trust **Mutual fund**	Sociedad de inversión con capital variable
Finance house	Sociedad de financiación de ventas a plazos
Accepting house **Acceptance house**	Banco de descuento de efectos extranjeros
Through purchases of stocks and interlocking directorships banks often control major corporations	A través de la compra de acciones y el engranaje de consejeros de administración, los bancos controlan a menudo sociedades de gran importancia

The Japanese banks in London will draw away the business that Japanese firms have in the past entrusted to Amerian banks	Los bancos japoneses de Londres acapararán las operaciones que las compañías japonesas confiaban en el pasado a los bancos americanos
Certain banks issue certificates *either* in your name, or made payable to bearer identified by a *number*, thus assuring you full secrecy	Determinados bancos emiten certicados bien a su nombre o pagaderos al *portador*, identificados por un número, asegurándole así el más completo secreto
Financial house	Financiera; compañía financiera
Withdrawal of bank deposits	Retirada de los depósitos bancarios
Run on banks	Retirada en bloque de los depósitos bancarios
Bank crash **Bank smash**	«Crash» bancario; derrumbamiento de un banco
Financier	Financiero
Clever financier	Financiero hábil
Shady financier	Financiero dudoso Financiero turbio
Wheeler dealer (U.S.A.)	Hombre de negocios poco escrupuloso
To wheel and deal (U.S.A.)	Hacer negocios sin tener en consideración a los demás
The «Old Boys' Net» in London	La cofradía de los antiguos alumnos de un colegio o de una universidad
When a deal has been made there is no backing out	Cuando se ha concluido un negocio no puede uno retractarse

To back out	Retractarse Renunciar a participar
World of finance	Mundo financiero
Hub of the financial world	Centro del mundo financiero
High finance	Altas esferas del mundo financiero Altas finanzas
Magnates of finance	Magnates financieros Peces gordos del mundo financiero
Finance syndicate **Financial syndicate**	Consorcio financiero
To finance	Financiar
Finance company	Sociedad de financiación Sociedad de financiación en la venta a plazos
Financial house	Establecimiento financiero
Finance house	Sociedad financiera en la venta a plazos
Banker	Banquero
Partner in a bank	Asociado de un banco
Fellow bankers	Colegas del gremio bancario
Bank insiders	Los iniciados del mundo bancario
Bankers are bound to professional secrecy	Los banqueros están sujetos al secreto profesional
Bank officials	Mandos de los bancos.
Bank clerks **Bank clerical staff** **Bank employees**	Empleados de banco
Bank counters	Ventanillas de un banco

CENTRAL BANK CURRENCIES FOREIGN EXCHANGE	**BANCO DE EMISION DIVISAS CAMBIO**
Central bank of issue	Banco de emisión
Old Lady of Threadneedle Street	El Banco de Inglaterra
The Federal Reserve System consists of 12 Federal Banks	El Sistema Federal de Reserva se compone de 12 Bancos Federales de Reserva
Right of issuing bank-notes **Note issue privilege** **Right of note issue**	Monopolio de emisión de billetes de banco Derecho de emisión de billetes de banco
Note printing press	Prensa de billetes
Fiduciary money (G. B. and U.S.A.) **Fiat money**	Dinero fiduciario Papel moneda
Bank notes are legal tender	Los billetes de banco son dinero legal
A bank-note **A bank bill (U.S.A.)** **A bill (U.S.A.)**	Billete de banco
Counterfeit money	Dinero falso
Money spigot	Espita de dinero
Nearly the whole issue of the bank notes has become fiduciary	Casi la totalidad de la emisión de los billetes se ha convertido en fiduciaria

Special drawing rights	Derechos especiales de emisión
Fiat money	Papel moneda sin cobertura Papel moneda con garantía del Estado
Central banks expand or contract the volume of money	Los bancos de emisión aumentan o disminuyen el volumen de dinero
Velocity of circulation	Velocidad de circulación
To up bank rate	Elevar los porcentajes de descuento
The bank rate has been pegged for a long time at 3%	El porcentaje de descuentos bancarios ha permanecido estancado en el 3% desde hace mucho tiempo
To go to the bank	Ir al banco para redescuento
When the bank sells notes, it soaks up reserves and decreases the banking system's lending power	Cuando la Banca vende Fondos Públicos, absorbe las reservas y disminuye la capacidad de préstamo del sistema bancario
For issuing Treasury bills	Para emitir bonos del Tesoro
Tender method	Método de oferta
Tap method at a fixed price	Método de retirada a precio fijo
To ram surplus cash into treasury bills	Invertir el exceso de efectivo en títulos del Tesoro Público

Under the Natonalising act, the Treasury became formally empowered to give directions to the bank	Según la ley de nacionalización se han concedido poderes a la Tesorería (Ministerio de Hacienda) para dar instrucciones a la banca
Sterling area	El área de la libra esterlina
Sterling holdings	Haberes en libras esterlinas
A quid (slang)	Una libra esterlina
Offset dollar	Dólar de compensación
The coffers of state	Las reservas del Estado
Stock of bullion	Reservas en metálico
Gold reserves **Gold stockpile (U.S.A.)**	Reservas de oro
Bar silver	Plata en barras
The Mint	Casa de la Moneda
To coin money	Acuñar moneda
Bar gold	Oro en barras
Gold was minted into coins	Se acuñó el oro en monedas
To consort with coiners	Asociarse con los acuñadores de moneda falsa
Gold bullion **Wedge of gold** **Ingot of gold**	Lingotes de oro
Hallmark	Contraseña de acuñación
Gold nugget	Pepita de oro
Bullion dealer	Comerciante de lingotes de oro; corredor de lingotes de oro
Fine gold	Oro fino

Fineness	Contraste
Carat	Quilate
The fineness in the ratio of the weight of fine metal to the total weight of the alloy	El contraste es la proporción del peso del metal fino con respecto al peso total de la aleación
To husband gold reserves **To use gold reserves sparingly**	Administrar las reservas de oro
Ratio between the issue of bank notes and the bullion reserve	Relación entre la emisión de moneda y las reservas en oro
Raising of the bank rate	Aumentos de los porcentajes de descuento bancario
Flights of capital from a country to another	Evasiones de capital de un país a otro
Funk money **Hot money**	Capital flotante
Speculative dollars pour in, aimed at cashing in on DM rise	Afluencia de dólares de especulación dirigidos a obtener beneficio del alza de DM
To rival the dollar as the world major international trading currency	Rivalizar con el dólar como moneda mercantil internacional más importante
Central banks have to take in more dollars	Los bancos de emisión tienen que adquirir mayor cantidad de dólares
Central banks now try to help each other out	Los bancos de emisión intentan ahora una ayuda recíproca
Dealings in foreign exchange were then free and unrestricted	Las operaciones con las divisas extranjeras estaban libres y sin restricciones entonces

The conversion into francs of the due amount will be made at the rate of exchange ruling on 30th April	La conversión en francos de la suma correspondiente se efectuará al cambio vigente en 30 de abril
Your investment can be geared to any freely convertible currency	Su inversión puede acoplarse a cualquier divisa convertible
Transferor	Cedente; cesionista; transferidor
Assignee **Beneficiary** **Payee**	Tenedor; beneficiario; portador
Spot contract	Contrato de cambio al contado
Swap	Intercambio de divisas al contado o a plazos
With a view to steadying the movements of exchange rate	Con vistas a la estabilización de los movimientos del tipo de cambio
Peculiarity of each exchange control	La peculiaridad de cada control de cambios
The exchange market now works strictly within the bounds of the exchange control regulations	El mercado de cambio funciona ahora estrictamente dentro de los límites de la reglamentación de control de cambios de moneda extranjera
Exchange brokers revolving calculating machines	Los agentes de cambio hacen girar las máquinas de calcular
The speculators have produced a fall in the forward dollar	Los especuladores han ocasionado una baja en el dólar aplazado

Long term dollar rates at a plateau	El cambio del dólar a largo plazo está en la palestra
The widening of parity band	La ampliación del área de paridad
To float the yen	Hacer fluctuar el yen
Japan revalued the yen by 18%	El Japón revalorizó el yen en el 18%
The real guarantee for the dollar rests on the productivity of the US economy	La garantía real del dólar depende de la productividad de la economía de los Estados Unidos
Demand pull inflation	Inflación debida a la demanda
Cost push inflation	Inflación debida a los precios de coste
The boost in wages is merely a catching up for past inflation	El alza de los salarios es sencillamente un desquite debido a la última inflación
Inflation eats up wages' increase	La inflación absorbe el aumento de salarios
To beat down £ erosion	Atajar la erosión de la libra

ACCOUNTS — CUENTAS

Depositor	Depositante
Specie	Efectivo; metálico; numerario
Deposit currency	Moneda de depósito
To lodge money in sight deposit	Colocar el dinero en depósito a la vista

To tick a sum	Registrar una suma en su cuenta
To bank with...	Tener cuenta en el banco...
A running account with **An account current with**	Una cuenta corriente en...
To allow interest on deposits	Conceder intereses sobre los depósitos
Joint account	Cuenta conjunta
At notice deposit	Depósito con notificación previa
Fixed period deposit	Depósito a plazo fijo
Time deposit account	Cuenta bloqueada
On demand	A la vista
A due to account	Cuenta de espera
Account subjet to notice	Cuenta sujeta a notificación previa
Imprest account	Cuenta de anticipos
Overdue account	Cuenta al descubierto
Overdraft **Outstanding**	Descubierto en cuenta
A withdrawal of funds	Reintegro de fondos
Value date	Fecha de valor
Black value date	Fecha de valor con retroactividad
Interest calculation	Cálculo de los intereses
Equation of interest	Números (para calcular los intereses)
Accounting note	Relación contable
Extracts of account **Excerpts of account**	Extractos de cuenta
Statement of account	Estado de cuenta

The account day	Día de liquidación de cuentas
Account showing a balance of... Frs. at that date	Cuenta que presenta un saldo de ... Frs. en esa fecha
In favour of... **For the benefit of...**	A favor de
To the debit of my account for the credit...	Con cargo a mi cuenta para abonar en...
Flat commission	Comisiones fijas
Service charge	Comisión por operación
Handling charge	Cargos por operación
Handling commission	Comisión de gestión
Interest to date	Intereses hasta la fecha
Original deposit plus annual interest	Depósito original más los intereses anuales
Outstanding interest	Intereses vencidos
Arrears of interest **Interest in arrears**	Intereses vencidos y no pagados
Interest on overdue payments	Intereses de mora
Original deposit plus compounded interest	Depósito original más el interés compuesto
To turn into account	Ingresar en cuenta
Look this account over **Check this account out**	Revise esta cuenta; compruebe esta cuenta
We are behindland with our accounts	Llevamos retraso con respecto a nuestras cuentas

CASHIER	CAJA
The cash in hand	El efectivo
Wad	Fajo de billetes de banco
Denomination	Billete de banco
Counter	Mostrador; ventanilla
Hard cash	Numerario, dinero en efectivo; dinero contante y sonante
The teller must take all reasonable steps to verify the existence, as well as the identity of payees	El contador debe tomar todas las precauciones razonables para comprobar la existencia, así como la identidad de los beneficiarios
A dud note	Un billete falso
Payee	Beneficiario
To run aground because of a shortage of ready cash	Fallar como consecuencia de la escasez de liquidez
A slush fund	Un fondillo; una caja auxiliar
Twenty francs or so	Unos 20 francos; veinte francos más o menos
A couple of £ 100	Un par de cientos de libras
The debtor is bound to make up the even money	El deudor está obligado a ajustar el pico; a poner la moneda fraccionaria
To round off a sum	Redondear una suma
To tamper with the cash	Meter mano en la caja
To make off with the cash and become an absconding teller	Escaparse con la caja y convertirse en un cajero que huye de la justicia

The tellers thumbing through their currency	Los pagadores contando sus billetes
To rifle the till	Robar la caja; arramblar con el cajón del dinero
Odd money	Excedente en caja
Estimated collection of receipts	Cobro estimado de recibos
See at a glance what cheques cashed in, paid out, by whom paid in, and to whom paid out	Ver de un vistazo qué cheques están cobrados, cuáles pagados, por quién y a quién
Backward in their payments	Con retraso en sus pagos
His ability to pay	Su capacidad de pago
A changer	Un cambista
Small change	Monedas; calderilla; moneda de metal
A pay in slip at bank	Un pago con relación de cheques en el banco
To duplicate a payment	Duplicar un pago

CHEQUE — CHEQUES

To send out a cheque	Enviar un cheque; remitir un cheque
To hand a signed blank cheque	Entregar un cheque firmado en blanco
Cheque book	Chequera; talonario
To write out a cheque	Extender un cheque
Stale cheque	Cheque caducado, prescrito

Uncovered cheque **Dud cheque** **Bouncer**	Cheque sin fondos
No funds **Not sufficient funds**	Sin fondos
Open cheque	Cheque abierto
Crossed cheque	Cheque cruzado
Banker's cheque **Banker's draft** **Banker's check (U.S.A.)**	Cheque bancario
Clearing house	Cámara de compensación
Cover	Cubierta de cheque
Counterfoil **Stub**	Matriz de un talón o cheque
To enclose a fresh cheque for an amount of $..., arrived at as follows	Adjuntar un cheque nuevo por una cantidad de $ ... que se desglosa en la forma siguiente
Bankable	Negociable en banca
Sample signature **Specimen signature**	Firma de tarjeta registro

DISCOUNT AND BILLS — CARTERA

Bill holdings **Bills in hand**	Cartera de efectos
Payable at sight **Payable at call**	Pagadero a la vista
Sight draft	Efecto a la vista

Payable over the counter	Pagadero a la presentación
After sight bill	Efecto girado con cierto retraso, después de «a la vista»
Bank bill **Bank draft**	Efecto girado entre bancos
Bill to order **Promissory note**	Pagaré
Clean draft	Efecto libre de documentos adjuntos
To present a bill for acceptance	Presentar una letra al acepto
Bank acceptance	Acepto bancario
Guaranteed bills	Letras avaladas
To back a bill	Avalar una letra
«As surety»	Por aval
To endorse as surety	Avalar
Domiciled bill	Letra domiciliada
Bill domiciled in France	Letra domiciliada en Francia
Pawned bills	Efectos pignorados
Inland bills	Giros sobre el interior del país
Trade bills	Papel comercial; giros
Unstamped bill	Efecto no timbrado
Bill payable at 5 days date	Efecto pagadero a cinco días fecha
Bills receivable book	Libro de efectos a recibir
Accommodation bill	Papel pelota
Accommodation acceptance	Acepto de papel pelota
Clause not to order	Cláusula de no cesabilidad

Due date **Tenor**	Fecha de vencimiento
Days of grace	Días de gracia o de cortesía (tres días de retraso en el pago de un efecto)
To mature	Llegar al vencimiento; vencer un efecto
Collection remittance	Envío al cobro
Bills to be collected	Efectos a cobrar
Effects not cleared	Efectos al cobro
Past due bills **Overdue bills** **Bills in suspense**	Efectos pendientes de pago
To take up a bill **To honour a bill**	Aceptar una letra
Noting a bill	Anotar al dorso de una letra la negativa de pago
Dishonoured draft **Dishonoured bill**	Efecto impagado
The money market	El mercado financiero
Marketable securities	Títulos realizables
In the open market	En el mercado libre
Discount	Descuento
Discount house	Establecimiento de descuento de letras
Discount market	Mercado de descuento de efectos
Market rate of discount **Open market discount rate**	Porcentaje de descuento en el mercado libre
To discount a bill	Descontar una letra
To rediscount	Redescuento
To work out the interest	Establecer el interés

CREDIT AND LOANS	CREDITOS
To raise money with a bank	Conseguir dinero de un banco
Loan department	Departamento de créditos
To lend	Prestar
To relend	Volver a prestar
Status inquiry	Investigación sobre la situación financiera
Credit report	Informe de solvencia
Rating	Clasificación; cotización; valoración
Credit rating	Valoración de solvencia
Responsibility **Solvency**	Solvencia
Respectable	Respetable
Reliable **Trustworthy**	Digno de confianza
Dependability	Confianza; seguridad
A sound business	Un negocio sólido
Firms of unquestionable soundness	Firmas de indiscutible solidez
Seven different rating categories in U.S.A.: highest, high, above average, average, below average, low, lowest	Siete categorías diferentes de clasificación de créditos en los EE. UU.: muy elevada, elevada, por encima de la media, media, por debajo de la media, baja, muy baja
Unsecured debtor	Deudor sin garantía

Lending limit	Límite de préstamo
Lending rate	Indice de préstamos
On tick	A crédito
Credit note	Nota de crédito
Blank credit	Crédito en blanco; crédito personal
Clean credit	Crédito sin garantía documentaria
Securities lodged as collateral	Títulos depositados en garantía
Advance against pledged securities	Préstamo sobre garantía de títulos
To lend on bonds lodged as collateral	Prestar sobre obligaciones depositadas en garantía
To make advances against the receivables	Hacer préstamos sobre efectos a cobrar
To stand as surety for...	Hacerse garante de...
Collateral security	Título en garantía
Acceptance credit	Crédito por aceptación
Line of credit **Stand by credit**	Línea de crédito
Commercial letter of credit **Documentary letter of credit**	Carta de crédito documentaria
Credit tailored to X. character, personality, and financial strength	Crédito adaptado especialmente al carácter, personalidad y solidez financiera de X.
Credits related to budgeted savings	Créditos sujetos a ahorros presupuestados

Intermediate building credit	Crédito transitorio para la construcción
Building credit paying out plan	Plan de utilización de un crédito de vivienda
Commitment commission	Comisión encargada de la concesión de créditos
Revolving credit	Crédito renovable
To renew a credit	Renovar un crédito
To extend a credit **To prolong a credit**	Ampliar un crédito
Respite for payment	Prórroga de pago
An «iou» (I owe you) **Due bill (U.S.A.)**	Un pagaré; un documento reconociendo una deuda
Prompt payment	Pronto pago
Prepayment	Pago anticipado
To pay up one's debts	Liberarse de deudas
Moratorium	Moratoria
Frozen credits	Créditos congelados
Accrued interests	Intereses vencidos; intereses acumulados
Penal interest	Intereses pasivos
Default interest	Intereses de compensación
Interest accrues from...	Los intereses se acumulan a partir de...
Prepayable interests	Intereses anticipados
To set money free	Movilizar el efectivo

SAFEKEEPING AND SAFE DEPOSITS	CAJAS DE SEGURIDAD
Safe deposit	Depósito en cajas de seguridad
Night depository **Night safe**	Cajas de seguridad nocturnas
To be kept locked shut	Para guardar bajo llave
Strong room **Safety vault**	Cámara acorazada
Safe deposit box (U.S.A.)	Caja de seguridad
Safekeeping fee **Custody fee**	Tarifa de cajas de seguridad
Combination lock safe	Caja de seguridad de combinación
Special partial refund of rental charged in advance on private safe, which safe has to day been relinquished by you	Reembolso parcial especial del alquiler cargado por anticipado por una caja de seguridad personal a la cual ha renunciado Vd. hoy

BANKING MANAGEMENT	GESTION BANCARIA
To be repaid prior to the original maturity date	Para reembolsar antes de la fecha original de vencimiento

To lose one's credit rating **To lose one's credit standing**	Perder el crédito
Being a little hard up at present **Being a little pressed at present**	Encontrándose en la actualidad un poco escaso de dinero (apurado)
I am afraid it is nothing but a decoy	Me temo que no sea nada más que un señuelo
All that was a foregone conclusion	Todo eso era una conclusión decidida de antemano
It must be give and take	Debe ser un toma y daca
He was as good as his word **He kept his word**	Mantuvo su palabra
My rough guess would be	Mi apreciación «grosso modo»; a ojo de buen cubero
We do not accept any intermeddling **We will not tolerate any meddling**	No admitimos ninguna intromisión No admitimos intromisión alguna
We can only attribute it to bad luck	Solamente lo podemos atribuir a la mala suerte
We feel nowise inclined to... **We do not feel inclined to...**	De ninguna manera nos sentimos inclinados a...
The outlook is not inviting	La perspectiva no es muy halagüeña
The overgrowth of their liabilities is rather alarming	El excesivo incremento de sus compromisos es bastante alarmante

He has a thorough knowledge of our line of business	Tiene completo conocimiento de la trayectoria de nuestro negocio
I would rather wait a little longer	Preferiría esperar un poco más
To turn over capital	Mover el capital; hacer girar el capital
To call in one's money	Retirar los fondos propios
To issue a loan	Conceder un préstamo
We prefer not to have any string attached **We prefer to have free scope** **We prefer to have full control**	Preferimos tener { las manos libres / campo libre / carta blanca }
It has taken me two solid hours to check them	Me ha llevado dos horas completas comprobarlos
Speak your mind **Speak frankly**	Hable francamente
This is real news	Esta si que es una verdadera noticia
I take your word for it	Confío en su palabra
It's about right **It's nearly right**	Así va que chuta (está casi exacto)
Let us speak above board **Let us be altogether frank**	Hablemos sin rodeos
It must be aye or nay **It must be yes or no** **Take it or leave it**	O lo coge o lo deja; o sí o no
He is looked upon as a black sheep	Se le considera una oveja negra
A bogus concern	Un asunto poco limpio

It's a one horse concern (U.S.A.)	Es una empresa de poca importancia
Do you believe this news?	¿Se cree usted esta noticia?
To act with certainty	Actuar con seguridad; ir sobre seguro
Financial straits	Apuros financieros
To be in a fix	Estar en un apuro
We shall do our best to live up to it	Haremos todo lo posible por ajustarnos a ello
The error was pointed out at once	El error se ha detectado inmediatamente
Allowing for everything	Finalmente; pensándolo bien; en definitiva
A self-supporting firm	Una empresa con medios propios
To lay a great stress on	Dar mucha importancia a; hacer hincapié en
We turned over that business to them	Les hemos remitido ese asunto
You must find the wherewithal for **You must find the necessary funds for...**	Usted necesita encontrar los fondos necesarios para...
Do not commit yourself **Do not get involved**	No se comprometa
To point out the advantages	Resaltar las ventajas
To pinpoint the advantages	Determinar con precisión las ventajas
It's of paramount importance for a banker to get his outlay back **It's overriding for a banker to recuperate his funds**	Es de suma importancia que un banquero recupere sus fondos

Don't pour money down the drain **Don't send good money after bad** **Don't pour money into a sinking ship**	No invierta dinero en una empresa perdida, en un barco que se hunde
As a banker, don't yield to a rash impulse and prefer conservative figures	Como banquero no obedezca a impulsos precipitados y prefiera las cifras conservadoras
Slide rule	Regla de cálculo
Avoid people conducting business in a rash way **Avoid people who do business in a rash way**	Evite a las personas que dirigen sus negocios temerariamente
This arrangement holds good	Este convenio se mantiene bien
It's in the process **It's en route** **It's cooking (slang)**	Está a punto (de)
To hear conflicting views **To hear conflicting reports**	Recibir puntos de vista contradictorios Recibir informes contradictorios
Conflicting interests **Incompatible interests**	Intereses incompatibles
The whole question bristles with difficulties	La totalidad de la cuestión abunda en dificultades
To keep a way out **To secure an outlet**	Procurarse una vía de escape
Please stick to the facts	Le ruego que se atenga a los hechos
To pride oneself on always being within reason	Enorgullecerse de tener siempre razón

10

SAVINGS	AHORROS
Ultra security conscious investor	Inversionista con el sentido de la seguridad absoluta
To lay up **To put by** **To salt away** **To salt down** **To sock away**	Guardar; ahuchar
A well lined stocking	Un calcetín bien repleto
To scrape up in a nest egg **To squirrel up in a nest egg**	Guardar dinero poco a poco en un calcetín
To scrape up in a piggy bank	Guardar dinero poco a poco en una hucha
To invest money **To place money**	Invertir el dinero; colocar el dinero
To divest	Despojarse; deshacerse de una inversión
In time of depression better to cultail one's spending and put by a bit more	En épocas de depresión es mejor recortar los gastos propios y ahorrar un poco más
Saving pass book	Libreta de ahorros
Post office saving book	Libreta de la Caja Postal de Ahorros
Home saving plan	Plan de ahorro doméstico

Money spinner
Money spider
Lady bird
Lady bug

Mariquita (insecto al cual se atribuye la buena fortuna)

Bank notes dug into a cache lose their purchasing power through continuous inflation

Los billetes depositados en un escondite pierden su valor adquisitivo por causa de la continua inflación

Bars of gold have to pay commision and custodian fee and bear no interest

Los lingotes de oro tienen que pagar comisión y derechos de custodia y no producen intereses

Low interest saving pass books have a shrinking purchasing power through inflation

Las libretas de ahorro que producen intereses bajos tienen un poder adquisitivo descendente a causa de la inflación

If you invest in antiques and works of art, you are not sure when you buy, then you have to pay insurance premiums and lastly you may feel difficulty in selling

Si se invierte en antigüedades y obras de arte no se está seguro cuando se compra, después hay que pagar primas de seguros y por último puede que se encuentre dificultad en vender

Diamonds are said to be a girl's best friend, but not always the investor's best partner

Se dice que los diamantes son el mejor amigo de una mujer, pero no son siempre el mejor socio de un inversionista

Real estate cannot be lost or stolen

Los bienes inmuebles ni se pierden ni los roban

To round out his domain

Cercar su propiedad

Bricks and mortar are eligible to bad tenants and tax on capital	Los inmuebles son apropiados para los malos arrendatarios y para los impuestos sobre el capital
If you are a race-horses owner, you may be saddled with old nags	Si es propietario de caballos de carreras se arriesga a que se pongan jamelgas viejas a cuestas
An extravagant man blues his fortune in the end	Un hombre manirroto acaba por comerse su fortuna
A spendthrift man fritters away his allowance **A spendthrift man throws his allowance about**	Un dilapidador despilfarra su asignación
To pawn **To pledge** **To pop** **To spout**	Meter en el agujero, bajo el ladrillo
Raffle	Tómbola
Saving to income ratio	Relación de ahorro-ingresos

11

VARIOUS TYPES OF SECURITIES	**DIVERSAS CLASES DE VALORES**
A scrip	Vale provisional; abonaré
Bearer certificate	Resguardo al portador
Bearer share certificate	Resguardo de acciones al portador
Transferable share	Acción al portador
Registered shares	Acciones nominativas
Registered share certificate	Resguardo de acciones nominativas
Registered securities transferable by deeds	Títulos nominativos transferibles por escritura pública
Fixed income securities	Valores de renta fija
Government securities	Fondos públicos
Consols	Valores consolidados
Gilt-edged securities	Valores de toda confianza
To be in difficulty over the raising of government loans on satisfactory terms	Encontrarse en dificultades para colocar los empréstitos del Estado en condiciones satisfactorias
Corporate bond **Corporate debenture**	Obligaciones
The bonds made payable in francs	Obligaciones pagaderas en francos

A straight bond	Obligación reembolsable
These bonds came out in the last drawing	Estas obligaciones salieron en la última emisión
Exchequer bond **Treasury bond (U.S.A.)**	Bonos del Tesoro Público
Municipal bond	Obligación del Municipio
Saving bond	Bonos de Cajas de Ahorros
Preference bond	Obligaciones preferentes
Prize bond **Lottery bond**	Bonos premiados con sorteos
Convertible bond	Obligación convertible
Equity	Acción ordinaria
Fully paid up share	Acción totalmente liberada
Initial share	Suscripción de acciones; acción suscrita
Preferred stock **Preference share**	Acciones preferentes
Dividend share	Acciones en usufructo
Mortgage bond	Obligación hipotecaria
First mortgage bond	Obligación hipotecaria preferente
Qualifying share	Acción en garantía de Consejero de Administración
Drawn share	Acción en emisión
Bonus share	Acción liberada; acción bonificada
Founder share	Acciones de fundador
To pass a resolution whereby the Frs. 10 ordinary stock unit were written up to ordinary stock unit of Frs. 20	Aprobar una resolución por la cual las acciones nominales ordinarias de 10 francos se suscriben a 20 francos

Nominal value **Face value**	Valor nominal
Par value as opposed to its current market value	El valor a la par en contraposición al cambio en bolsa
American shares get no par value	Las acciones americanas no tienen cotización a la par
Net asset per share	Valor efectivo por acción
Appreciation **Unearned increment**	Plusvalía
Depreciation **Capital loss**	Minusvalía; depreciación
A stock with growth possibilities	Acciones de capital con posibilidades de ampliación
Securities that retain their purchasing power **Index related securities**	Valores que conservan el poder de adquisición
Revenue	Renta pública
Profit	Beneficios
Coupon increased	Cupón premiado
Coupon reduced or slashed	Cupón sin la totalidad de los intereses devengados; cupón de interés reducido
Coupon omitted **Coupon skipped**	Cupón anulado
Usual quarterly coupon	Cupón trimestral habitual
Cum div	Con cupón de dividendos
Ex div	Sin cupón de dividendo
Interim dividend	Dividendo a cuenta
An extra dividend	Dividendo extraordinario

The coupons, serially numbered, have to be cut off	Deben cortarse los cupones numerados por serie
Statutory interest	Intereses estatutarios
To cut up the melon **To carve the melon (slang)**	Repartir grandes beneficios
To take delivery of stocks	Recibir acciones
Quoted securities	Valores con cotización en bolsa
Blue chips	Valores de sólida reputación
This share has proved to be a bonanza **This share has proved to be a windfall**	Se ha comprobado que esta acción era un filón
War babies: heavy industries	Valores de industria pesada y armamento realizados como consecuencia de la guerra
Industrials	Valores industriales
Rubbers	Valores de la industria del caucho
Kaffirs	Acciones de las sociedades mineras de Africa del Sur con cotización en la Bolsa de Londres
Low geared capital	Capital compuesto por acciones ordinarias con poco poder ejecutivo
High geared capital	Capital compuesto por acciones preferentes con mucho poder ejecutivo

12

ISSUE OF SECURITIES	EMISION DE VALORES
Loan	Préstamo; empréstito
Principal	Principal de un préstamo; cantidad recibida en préstamo sobre la que se paga el interés acordado
Straight loan	Empréstito reembolsable en su totalidad en la fecha de vencimiento
Amortizable loan **Redeemable loan**	Empréstito amortizable
To redeem a loan **To sink a loan**	Amortizar o reembolsar un empréstito
Secured loan	Empréstito con garantía
Daily loan **Day to day loan**	Préstamo de día a día
Weekly loan	Préstamo por una semana
Interbank loans	Préstamos interbancarios
Roll over loan	Préstamo concedido para financiar de nuevo las obligaciones a corto plazo vencidas para emitir una nueva a cambio
Internal loan	Empréstito interior
International loan	Empréstito internacional
To place a loan **To negotiate a loan**	Negociar un préstamo

Issuing houses are specialised in promotion or floatation	Los establecimientos de emisión están especializados en la promoción y emisión de títulos
Procuration fee	Comisión sobre un préstamo
To float a loan **To raise a loan**	Emitir un empréstito
To issue a loan by instalments	Emitir un préstamo a plazos
Invitation to subscribe to a loan	Convocatoria a la suscripción de un préstamo
The floatation of a loan	La emisión de un empréstito
Public offering	Suscripción pública
«Called up»	Para abonar
Letters of allotment to subscribers	Comunicaciones de distribución de los títulos de los suscriptores
Underwriters must take up all the non-subscribed shares	El grupo promotor debe tomar a su cargo todas las acciones no suscritas
Issue and sale of bonds	Emisión y venta de obligaciones
To float a bond issue **To launch a bond issue**	Realizar una emisión de obligaciones
To subscribe to bonds	Suscribir obligaciones
To take up shares	Suscribir acciones
To push shares	Colocar acciones de dudosa rentabilidad
Call protection ten years	Compromiso por parte del prestamista a no solicitar el reembolso en el plazo de diez años

Issues with punitive early redemption provisions	Emisiones que tienen disposiciones de penalización si existe un reembolso prematuro
Bonus issue	Emisión de acciones liberadas (totalmente gratuitas) a los accionistas
Bonus right	Derecho a la suscripción gratuita
Stock split	Escisión de las acciones
To be stock split happy	Alegrarse de la escisión de sus acciones
Subscription right	Derechos de suscripción
Calls on stocks	Petición de aportaciones sobre el capital
An offering with an expected coupon of 8% and priced just under par	Una oferta que se esperaba con un 8% sobre el cupón y que se cotizó justamente bajo la par
Conversion option increases marketability and allows larger issues	La opción de conversión aumenta las posibilidades mercantiles y hace posible mayores emisiones
Convertible loan	Empréstito de obligaciones convertible en acciones
To attract arbitrage funds	Solicitar fondos de arbitraje
Funding	Conversión de un empréstito a corto plazo en un empréstito a largo plazo
Scrip issue **Stock dividend issue**	Emisión de acciones contra la entrega de los derechos de los cupones de dividendos

Fractions accruing will be settled in cash	Las fracciones acumuladas se saldarán en efectivo
A stamp tax is levied on the par or subscribed value of share capital	Se exige un impuesto del timbre sobre el valor a la par o suscrito de la acción
Tax exemption on bond issues floated abroad	Exención de impuestos sobre las emisiones de obligaciones puestas en circulación en el extranjero
The institutional investors grab up the new issues as they come out	Los inversionistas institucionales arrebatan las nuevas emisiones desde el momento que salen
London, the hub of the eurodollar market	Londres, el centro del mercado del eurodólar
Unit of account is based on 17 currencies: bond holder is protected against devaluation, borrower against appreciation	La unidad de cuenta se basa en 17 divisas: el obligacionista queda protegido contra la devaluación, el prestatario contra la plusvalía
Eurobond provides personal anonymity, freedom from currency control, exemption from taxes	La obligación en divisa europea proporciona el anonimato personal, la libertad del control de divisas y la exención de impuestos
The European monetary unit bond holder gets the benefit of any revaluation and is protected against any devaluation	El portador de obligaciones en unidades monetarias europeas se beneficia de cualquier plusvalía y queda protegido contra cualquier devaluación

13

STOCKBROKERS	AGENTES DE CAMBIO Y BOLSA
Brokerage house (U.S.A.)	Establecimiento de comisión por transacciones de agentes de bolsa
A licensed broker	Un agente de bolsa colegiado
An unlicensed broker	Un agente de bolsa no colegiado
An outside broker	Un corredor de bolsa externo
A broker is an agent. His job is to do the best he can for you within the scope of your instructions to him	Un corredor de bolsa es un agente. Su labor consiste en hacer todo lo que pueda por usted dentro de las instrucciones que usted le haya dado
A broker renders you a contract note	Un agente de cambio le envía una nota de contrato
A jobber is a principal. He operates on his own account and for his own profit. He does not trade with the public	Un marchante o agiotista es el principal. Opera por su propia cuenta y beneficio. No trata con el público

A jobber names two prices to the broker, one at which he is willing to buy, the other at which he is willing to sell, without knowing whether he will be called upon to buy or sell the shares in question	Un agiotista da dos precios al agente de cambio, uno al cual está dispuesto a comprar, el otro al cual está dispuesto a vender sin saber si se le pedirá que compre o que venda las acciones en cuestión
In times of uncertainty the jobber widens his quotations. He also does this for shares which change hands very infrequently, for which he fears to be long in or short of them	En los períodos de incertidumbre, el agiotista amplía sus cotizaciones. También hace lo mismo con las acciones que cambian de manos con poca frecuencia, por lo que teme en tener demasiadas o que le falten
Jobber's turn, commission and stamp duties amount to...	El beneficio del agiotista, la comisión y el impuesto del timbre ascienden a:
Client	Cliente
In sending an order, you name a limit	Al enviar una orden (de compra o venta), se establece el límite
The limit orders are good until canceled	Los pedidos con limitación son válidos hasta que se cancelan
Would you adjust these limits **Would you revise these limits**	¿Querría usted revistar estos límites?
We have in force open orders for your account: please check the following items with your records and advise us immediately if there are any discrepancies	Tenemos en vigor órdenes abiertas por su cuenta: le rogamos compruebe las siguientes partidas en sus libros y avísenos inmediatamente si existe cualquier discrepancia

Consensus	Consenso
Utilize the proceeds for a further purchase	Utilice el producto de la venta para una compra
Taking a long view	Observándolo a largo plazo
What's the market opinion about this share?	¿Cuál es la opinión del mercado sobre esta acción?
A broker with acumen **A broker with foresight** **A broker with insight**	Un agente de bolsa con perspicacia
Traders with advance information or unusual discernment	Comerciantes con información anticipada o un discernimiento inusitado
I have fallen away from my former belief in stocks	Me he desengañado de mi anterior confianza en las acciones
I gave up years ago to figure out the stock market	Hace años que he cesado de calcular la Bolsa
Ever since this broker has left the market, he keeps his hand in treating stocks as a sideline	Desde el momento que este agente de cambio haya abandonado la Bolsa seguirá tratando con acciones como su pasatiempo favorito
Upon whom it devolves to find out the risk when investing their capital	A quien incumbe averiguar el riesgo cuando invierten su capital
The present investor is safety and income oriented	El actual inversionista se encuentra orientado hacia la seguridad y los rendimientos
Income oriented investors look for bonds preferably	Los inversionistas orientados hacia la rentabilidad buscan preferentemente obligaciones

Ultra security conscious investors look for longer dated and better yielding investments	Los inversionistas conscientes de la seguridad absoluta buscan inversiones a más largo plazo y de mejor rendimiento
His motivation is capital gains	Sus motivaciones son las plusvalías de capital
Better to apportion your funds as between the different types of investment	Es mejor que reparta sus fondos entre los diversos tipos de inversión
It's wise to diversify one's investments among many currencies and countries	Es prudente diversificar las inversiones entre muchas divisas y países
Wall Street is a reliable forecaster	Wall Street es un pronosticador de confianza
The real value of a stock derives from corporate earning power	El valor real de una acción se deduce de la productividad de la sociedad
This share is a money-spider **This stock is a money-spinner**	Esta acción es la «mariquita» de la buena suerte
Don't buy anything at more than 40 times earnings	No compre nada a más de 40 veces el beneficio por acción
With a new issue the City pays enormous attention to the character of the stable from which the issue comes	Con respecto a la nueva emisión, la ciudad de Londres (la «City») presta enorme atención al carácter de la «caballeriza» de la cual procede la emisión

To have access to this curious medley of experience, knowledge, gossip and scandal out of which City opinion is made up	Tener acceso a ese curioso fárrago de experiencia, conocimientos, cotilleo y escándalo que constituye la opinión de la ciudad de Londres (la «City»)
I have to part with my shares	Tengo que separarme de mis acciones
To hang on to these stocks	Aferrarse a esas acciones
Stockbroker's list of recommendations	Lista de recomendaciones del agente de Bolsa
To talk up the value of a stock	Crear una atmósfera de alza de una acción

14

STOCK EXCHANGE	LA BOLSA
Stock exchange **Stock market**	La Bolsa; la Bolsa de Valores
Curb market (U.S.A.) **Kerb market (U.S.A.)**	El Bolsín
Over the counter market	En el mercado sin cotización
Unofficial market	La Bolsa no oficial
An overlap between the national and international stock exchanges	Una solapadura entre las Bolsas nacionales e internacionales
All stock and commodity markets are closed	Todas las Bolsas de valores y mercancías están cerradas
Stock exchange Council	La Cámara de Agentes de Bolsa
Securities and Exchange Commission (U.S.A.)	Comisión de operaciones bursátiles
Stock exchange regulations	Reglamentación de la Bolsa
Stock marketable on the stock exchange **Stock traded on the stock exchange**	Valores negociables en Bolsa

QUOTATION	**COTIZACIONES**
Admission to quotation	Admisión a cotización
Marking	Registro oficial de cotizaciones
We are in the process of installing an electronic posting board	Estamos en el proceso de instalación de un tablón de anuncios electrónico
The official listing of this eurobond will take place in Luxemburg	La cotización oficial de esta euro-obligación tendrá lugar en Luxemburgo
Stock exchange lingo **Stock exchange jargon**	Lenguaje o jerga de la Bolsa
Market price	Cotización en Bolsa
Bid price	Cotización de la oferta
Asked price	Cotización de la demanda
Cross rate	Paridad de dos divisas con respecto a una tercera
Spread	Diferencia o margen entre la cotización de la oferta y la de la demanda
Flat quotation (U.S.A.)	Cotización sin intereses
Opening price	Cotización a la apertura
Closing prices **Closing quotations**	Cotización al cierre
Day's spread	Curso de las cotizaciones de la jornada
The zenith of the session **The peak of the session**	El punto culminante de la sesión

The nadir of the session **The low point of the session**	El punto más bajo de la sesión
Pace **Tempo**	Marcha; ritmo
Stock prices are churning	Las cotizaciones de los valores empiezan a ponerse en movimiento
Boom	Reactivación de la Bolsa
Rise	Alza de las cotizaciones
The indices are on the upswing	Los indicios son de alza
Bull	Alcista
The ingredients to fuel the advance	Los ingredientes para avivar el alza
X shares went up by Frs. 10	Las acciones X subieron 10 francos
The stock market shoots to new peak **The stock market soars ahead to new peak**	La Bolsa se dispara hacia una nueva cima
The stock market rules high	La Bolsa se mantiene en alza
Dow Jones index burst 1,000 barrier	El índice Dow Jones sobrepasó la barrera de los 1000
The stock market will bounce back	La Bolsa dará un salto hacia atrás
This blue chip is a trend setter	Esta acción de primera emisión establece una tendencia
Oils were spotty	Las acciones del petróleo no eran uniformes

Slump **Bust**	Depresión
Bear	Bajista
The stock market looks down	La Bolsa tiende hacia la baja
The stock market rules low	La Bolsa sigue una tendencia de baja. La Bolsa permanece en baja
Decline	Baja en las cotizaciones
Late profit taking pared gains	La demora de los beneficios rebajó las ganancias
Profit taking and tax selling took their toll	La entrega de beneficios y las ventas para pagar los impuestos se cobraron su diezmo en las cotizaciones
The stock market weathered late profit taking	La Bolsa capeó bien el temporal de la demora de los beneficios
Sharp declines followed heavy selling throughout the session	Siguieron marcados descensos a las ventas masivas a lo largo de toda la sesión
Such pivotals as... closed well above their lows of the day	Los valores claves, tales como..., cerraron muy por encima de sus cotizaciones más bajas de la jornada
X share took a header of eight points	La acción X descendió en ocho enteros o puntos
Stock prices are a whisker above their 1970 low	Las cotizaciones de las acciones son apenas nada por encima de su cotización mínima en 1970

15

STOCK EXCHANGE OPERATIONS AND SPECULATION	OPERACIONES DE BOLSA Y ESPECULACION
To dabble on the stock exchange **To punt on the stock exchange** **To have a little flutter on the stock exchange**	Jugar flojo a la Bolsa
Better to make it 500 shares at a time in order not to force the prices up or down	Es preferible empezar por 500 acciones de una vez para no influir en el alza o baja de las cotizaciones
The pros and the insiders of the stock exchange discount good or bad news in advance	Los profesionales y los entendidos en la Bolsa no tienen en cuenta por anticipado las buenas o malas noticias
Share owners sell when they get even or close to even	Los accionistas venden cuando llegan al precio de compra o se aproximan a él
To liquidate part or whole of the holding before the redemption date of the bonds	Liquidar parte o la totalidad de la tenencia antes de la fecha de reembolso de las obligaciones
Investors get out of the market when they get even	Los inversionistas se salen del mercado cuando alcanzan la cotización a la cual compraron

To chase after stocks	Perseguir las acciones
Take over bid	Oferta pública de compra
Minority investment	Inversión minoritaria
Majority interest **Controlling interest**	Inversión mayoritaria
Sell out **Selling out** **Selling off**	Liquidación; realización de valores mobiliarios
To sell out	Vender la totalidad de los bienes
Panicky dumpling	Venta a cualquier precio producida por el pánico
The value of collaterals dropped below acceptable margins. Some investors had to sell stocks to raise cash and cover their loans	El valor de los títulos en garantía descendió por debajo de los márgenes aceptables. Algunos inversionistas tuvieron que vender acciones para elevar el disponible y cubrir sus créditos
Investors responded to the cut in margin requirements	Los inversionistas respondieron a la disminución de los márgenes requeridos
F.R.B. reduced its margin requirements. The down payment which must be made on stock purchases falls from 70% to 50% effective the 7th July	F. R. B. (Federal Reserve Board) redujo los márgenes requeridos. El pago al contado que debe realizarse sobre las compras de acciones desciende del 70 al 50% a partir del 7 de julio

Margin requirements by themselves cannot halt excessive speculation and cannot be cure-alls for stock market excesses or abuses	Las exigencias de los márgenes por sí mismas no pueden parar la especulación excesiva ni pueden ser el remedio de todos los excesos y abusos de Bolsa
To intervene on the spot and forward market	Intervenir en el mercado al contado y a plazo
Spot and forward help to smooth out fluctuations	Las operaciones al contado y a plazo ayudan a mitigar las fluctuaciones
Hedging between cash and settlement	Arbitrando entre el efectivo y el vencimiento
To close a position	Liquidar una posición
Money market	Mercado financiero
Day to day loan **Call money**	Préstamo reembolsable a petición. Préstamo de día a día
Swap	Doble prórroga
To carry over one's bargain	Doblar su contrato
Carry over rate	Tasas de las dobles prórrogas
To cover oneself	Cubrirse
Backwardation	Doble (pago realizado por un bajista a un alcista para liberarse de la obligación de librarle los títulos)
Contango	Doble que paga el comprador
Settlement day	Día de liquidación
There is a two days settlement lag	Hay un retraso de dos días en la liquidación

For settlement value 15th December 1976	Para la liquidación, valor del 15 de diciembre de 1976
In London, settlement day is now always on a Tuesday and the interval between two settlement days, which is termed an account, is a fortnight	En Londres, el día de liquidación es ahora siempre un martes y el intervalo entre dos días de liquidación, al cual se aplaza una cuenta es quince días
A call **A call option**	Una compra con opción.
To buy at option	Comprar con opción
To sell at option	Vender con opción
An option to extend the initial term	Una opción para prorrogar el plazo inicial
The option	La opción

SPECULATION — **LA ESPECULACION**

Speculation	Especulación
Wave of speculation	Ola de especulación
To speculate on a fall	Jugar a la baja, especular a la baja
To speculate on a rise	Jugar al alza, especular al alza
Speculating in contangoes	Especulando en los dobles
Speculator **Gambler**	Especulador; jugador
Cockroach (slang U.S.A.)	Especulador de poca importancia

Gambling **Jobbery** **Rigging of the market**	Agiotaje; agio; especulación
Financial juggle	Chanchullo financiero
To manipulate the market	Manejar el mercado bursátil Manipular el mercado bursátil
To rig the market	Alterar las cotizaciones de forma ficticia
To bear the market **To hammer the market (U.S.A.)**	Vender al descubierto
To scoop what is on offer **To mop up what is on offer**	Arramblar con lo que se ofrece
To forestall	Acaparar; monopolizar; acopiar
To bang the market	Hacer saltar la Bolsa; hacer bajar las cotizaciones
Supporting purchases **Pegging purchases**	Compras para mantener los precios
To head off excessive speculation	Cortar el paso a una especulación excesiva
To gorge the market **To glut the market** **To feed the market to repletion**	Saturar el mercado
To stag	Suscribir acciones de una emisión con la intención de venderlas con prima lo antes posible

Squeeze	Estrangulamiento bursátil (por parte de los bajistas para librar los títulos que han vendido sin tenerlos)
To squeeze	Estrangular la Bolsa
Speculative favourites have gone into a nose-dive **Speculative favourites have plummeted** **Speculative favourites have taken a header**	Los valores especulativos preferidos se han venido abajo, se han derrumbado
Shares were going through a similar wringing out	Las acciones atravesaron por un estrujamiento similar
To make a killing (slang)	Tener un buen golpe de suerte
This master stroke on the Stock Exchange brought him...	Este golpe maestro en la Bolsa le trajo...
He made stacks of money at the Stock Exchange	Hizo montones de dinero en la Bolsa
On paper, his profits pile up	Sobre el papel, se le amontonan los beneficios
To take a bath at the Stock Exchange (slang U.S.A.)	Hacer un mal negocio en la Bolsa Pasar un mal trago en la Bolsa
Shake out	Aplastamiento de los flojos jugadores de Bolsa
In Wall Street, another 1930 «blue monday», would give the blues to the world	En Wall Street, otro «lunes borrascoso» como el de 1930 desalentaría al mundo entero

Well heeled mutual funds intervene	Intervienen sociedades de inversión con capital variable bien provistas de dinero
Total value of shares sold by the Mutual Funds (U.S.A.)	Valor total de las acciones vendidas por las sociedades de inversión con capital variable
Total value of shares issued by the Mutual Funds (U.S.A.)	Valor total de las acciones emitidas por las sociedades de inversión con capital variable
Total value of shares repurchased by open end investment companies	Valor total de las acciones compradas de nuevo por sociedades de inversión con capital variable
Total value of shares redeemed by open end investment companies	Valor total de las acciones rescatadas por sociedades de inversión con capital variable
The funds were able to meet redemption without dumping stocks, without liquidating their portfolios to raise cash	Las sociedades de inversión pudieron hacer frente al rescate sin deshacerse de sus acciones y sin liquidar sus carteras de acciones para conseguir efectivo
Funds' managers don't expect to buy at rock bottom prices or sell at the very top, but they are pleased to reach prices near the bottom and top	Los directores de las sociedades de inversiones no esperan comprar a las más bajas cotizaciones y vender a las más altas, pero se alegran de llegar a los precios más aproximados de las cotizaciones más baja y más alta

16

COMMODITY EXCHANGE	BOLSA DE PRODUCTOS
Iron	Hierro
Four leading base metals: copper, tin, lead, zinc	Cuatro metales base importantes: cobre, estaño, plomo y cinc
Tin plate	Hojalata
Aluminium	Aluminio
Antimony	Antimonio
Mercury	Mercurio
Wolfram **Tungsten**	Tungsteno; wolframio
Sulphur	Azufre
Silver	Plata
Crude oil	Petróleo bruto
Fuel oil	Fuel oil
Gas oil **Diesel oil**	Gasoil
Petrol **Motor spirit** **Gas (U.S.A.)**	Gasolina
Kerosene	Keroseno
Rubber	Caucho; goma
Wheat **Corn**	Trigo

Corn (U.S.A.) **Maize**	Maíz
Rye	Centeno
Oats	Avena
Barley	Cebada
Coffee	Café
Sugar is a commodity which can be accurately graded	El azúcar es una mercancía que puede clasificarse con toda exactitud
Cocoa	Cacao
The 2,000 different types of tea prevent tea from being standardized and graded	Las 2000 especies diferentes de té impiden que se normalice el té y que se clasifique en categorías
Peanut oil	Aceite de cacahuete
Coco-nut oil	Aceite de coco; aceite de copra
Linseed oil	Aceite de linaza
Soya	Soja
Cotton	Algodón
Wool	Lana
Silk	Seda
Flax	Lino
Hemp	Cáñamo
Jute	Yute; cáñamo de las Indias
Gunny bag	Saco de yute
Oil cake for cattle	Torta de orujo
Tallow	Sebo
Sisal	Sisal

Timber	Madera de construcción
Shellac	Laca
Bristle	Cerda; porcipelo
All the skins now come from fur farms and ranches	Todas las pieles provienen ahora de granjas y ranchos de pieles
A catalogue of a general sale at Beaver Hall may contain over 70 different types of animals drawn from the five continents	Un catálogo de una venta general en Beaver Hall puede que contenga más de 70 tipos de animales diferentes procedentes de los cinco continentes
Beaver and mink from North America	El castor y el visón de América del Norte
Opossum, chinchilla and ocelot from South America	La zarigüeya, la chincilla y el ocelote de América del Sur
Persiam lamb from Asia and Africa	El astracán de Asia y de Africa
Wallaby, red fox and rabbit from Australia	El canguro, el zorro rojo y el conejo de Australia
Otter, seal and stoat from the North Pole	La nutria, la foca y el armiño del Polo Norte
Sable	Marta cebellina
At Hatton Garden, diamond trade market, there is neither haggling nor bidding	En Hatton Garden, el mercado del diamante, no hay ni regateo ni puja
The diamond mining industry is one of the tightest monopolies in the world	La industria del diamante es uno de los monopolios más cerrados del mundo
Bid for	Oferta para; puja por
Offer of	Oferta de
To engross	Acaparar un producto; acaparar una mercancía

We confirm having alloted to you	Confirmamos haberle asignado
To deliver tin six months hence	Entregar el estaño a seis meses a partir de este momento
To defer despatch	Retrasar el envío; diferir la expedición de un producto
Hedge buying of steel against a strike	Compra de acero por precaución previniendo una huelga
The manifold activities of the Baltic Exchange	Las múltiples actividades de la lonja báltica
Baltic Exchange and Corn Exchange are not competitive: one is for wholesale trading, the other for retail trading	La lonja báltica y el mercado del grano no se hacen la competencia: una es para el comercio al por mayor y el otro para el comercio al por menor
In all humility it can be claimed that the London price is the world price	Con toda humildad puede proclamarse que la cotización de Londres es la cotización mundial
To buy back	Volver a comprar; rescatar
These standard contracts classify the different metals as regards brand, quality, place and time of delivery and they are revised from time to time as the needs of industry or the techniques of mining change	Estos contratos normalizados clasifican los diferentes metales en cuanto a su marca, calidad, lugar y fecha de entrega y se revisan de cuando en cuando de conformidad con las necesidades de la industria o el cambio de las técnicas mineras

17

SPECIAL MARKETS	MERCADOS ESPECIALES
Broker on oath	Corredor jurado
Auction room	Sala de subastas; martillo
Sold note	Comunicación de venta
Auction sale	Subasta (en sentido creciente a partir del precio base)
Dutch auction	Subasta (en sentido decreciente a partir de una cifra aproximada al precio óptimo. Es corriente en las lonjas de pescado españolas)
Upset price **Put up price**	Precio mínimo; precio base (en una subasta)
Without reserve	Subasta sin precio base (en los caso en que el propietario no impone un precio de partida)
Ante	Primera postura u oferta
To ante up	Hacer la primera postura u oferta
A call for bids	Una convocatoria de subasta
To outbid	Hacer una sobrepuja

Valuer **Valuator** **Appraiser**	Tasador; perito; justipreciador, tasador de subastas
The auctioneer knocks down to the highest bidder **The auctioneer knocks down to the best profferer**	El subastador adjudica al mejor postor
Going, going, gone!	¡X a la una, X a las dos, adjudicado!
Pawn house **Hock shop**	Casa de empeño; Monte de Piedad
To be in hock to someone	Estar entrampado con alguien
Flea market **Rag fair**	El «Rastro»
To give earnest money **To pay earnest money**	Dar una señal; dejar como señal
Piece of furniture	Mueble
Antiques	Antigüedades
China	Porcelana
Pottery	Cerámica
On this special occasion, please feel free to go as high as $ 1 000	En esta ocasión especial no le importe llegar hasta $ 1000
Drop out of this auction sale at £ 500	Sálgase de la subasta a la cantidad de £ 500

18

INSURANCE	SEGUROS
A proposal form	Un formulario de propuesta
A policy may be invalidated	Una póliza puede anularse
Expectation of life	Probabilidades de vida basadas en las estadísticas
Actuaries	Actuarios de seguros
Actuarial tables	Tablas actuariales
Life interest	Usufructo
Life annuity	Renta vitalicia
Life insurance	Seguro de vida
Insurance on two or more lives	Seguro de vida en cobertura de dos o más personas
Life insurance policy	Póliza de seguro de vida
Old age insurance	Seguro de vejez
A blanket policy	Una póliza general de seguros
All in insurance policy **All risk insurance policy** **Comprehensive insurance policy**	Póliza de seguros a todo riesgo
A comprehensive household policy	Una póliza multirriesgo del hogar
An open policy	Una póliza abierta

An unvalued policy	Una póliza de indemnización indeterminada (por no haberse fijado la cuantía del riesgo)
A floating policy	Una póliza flotante (en seguros marítimos designando la naturaleza de los materiales asegurados, pero dejando la cantidad exacta y clase, nombre del barco y valor a fijar a posteriori)
A third party	Un tercero
Third party insurance	Seguro a terceros
Public liability insurance	Seguro de responsabilidad civil
Endowment	Seguro dotal
Time insurance	Seguro a término
Burglary insurance **Theft insurance**	Seguro contra robo
Fire insurance	Seguro contra incendios; seguro de incendios
Accident insurance	Seguro de accidentes
Health insurance	Seguro de enfermedad
Motor car insurance	Seguro de automóviles
Industrial insurance	Seguro de responsabilidad civil industrial; seguro industrial
Sea insurance **Maritime insurance**	Seguro marítimo
A voyage policy	Una póliza que cubre los riesgos de una travesía marítima

A time policy	Una póliza a término
Insurance against special risks: hail, lightning, floods	Seguro contra riesgos especiales: granizo, rayo, inundaciones
Luggage insurance	Seguro de equipaje
Policy holder	Asegurado
Reinsurance	Reaseguro
National insurance **Social insurance** **State insurance**	Seguridad Social
Disablement	Invalidez
Social insurance benefits	Prestaciones a la Seguridad Social
Social insurance funds	Cajas de prestaciones de la Seguridad Social Fondos de prestaciones de la Seguridad Social
Insurance against injuries to workmen	Seguro de accidentes en el trabajo
Compulsory unemployment insurance	Seguro obligatorio de desempleo
Top hat insurance scheme	Régimen de retiro de los altos cargos en Inglaterra
Family allowances	Protección familiar
Coverage	Cobertura del riesgo
A cover note	Propuesta de cobertura de riesgo
We require cover against fire and theft	Deseamos un seguro de robo e incendios
To take out an insurance policy	Suscribir una póliza de seguros
To write a policy	Redactar una póliza

Premium	Prima de seguros
Additional premium	Prima complementaria; sobreprima
Flat charge	Recargo
Escalator clause	Cláusula movible; cláusula de indexación
Rider	Póliza adicional
Surrender value	Valor de rescate de un seguro
Outbreak	Siniestro
The insurance Co. disclaims all liability	La compañía de seguros declina toda responsabilidad
The insurance Co. bowed out of the case on a technicality	La compañía de seguros se desentendió del caso en virtud de un elemento técnico
The insurance Co. will make good the loss you have sustained	La compañía de seguros se hará cargo de la pérdida que ha sufrido usted
Barring unforeseen events	Excluyendo los imprevistos
Exposure	Riesgo
Hazard	Riesgo; peligro
By reasons of force majeure	Por razones de fuerza mayor
Act of God	Fuerza mayor
Circumstances beyond the Co.'s control: act of god, war, strike	Circunstancias más allá del control de la compañía: fuerza mayor, conflagración, huelga

A provision covering strike, riots and civil commotions	Una cláusula que cubre la huelga, sediciones y conmociones civiles
Average adjustment **Average statement**	Arbitraje (entre la compañía aseguradora y el asegurado)
Salvage	Mercancías recuperadas en un siniestro marítimo; mercancías de salvamento
Insurance broker	Agente de seguros
Lloyd's	Lloyd's (asociación de compañías aseguradoras privadas con sede en Londres)
Lloyd's underwriter	Miembro de la compañía Lloyd's; compañía aseguradora de Lloyd's
Lloyd's members are liable down to the last penny of their personal fortune	Los miembros de Lloyd's son responsables hasta el último céntimo de su fortuna personal
Under the supervision of Lloyd's	Bajo la supervisión de Lloyd's
Institute cargo clauses	Cláusulas de carga del Instituto de Seguros de Londres
Lutine bell rings twice for good news, once for bad	La campana «Lutine» se hace sonar dos veces para las buenas noticias, una vez para las malas

Lloyd's membership is a coveted privilege like the membership of the first class London Clubs, only granted after the Committees have satisfied themselves that the applicant is of high moral integrity and financial standing

Pertenecer a la asociación de miembros de Lloyd's es un privilegio restringido como el de ser miembro de los clubs londinenses de primera clase y que solamente se concede después de que los Comités se han asegurado de que el solicitante posee elevada integridad moral, así como sólida posición financiera

19

MARITIME SHIPPING AND AIR FREIGHT

CARGA MARITIMA Y FLETES AEREOS

Seaborne trade	Comercio marítimo
Ship owner	Armador
Disponent owner	Fletador temporal
Master	Capitán de barco
Purser	Sobrecargo
Carrier	Transportador; empresa de transportes
Shipbuilder	Constructor de buques
Shipbroker	Corredor de buques
Shipping agent	Agente marítimo
Forwarding agent	Agente expedidor
Ship-chandler	Abastecedor o proveedor de buques
Territorial waters	Aguas territoriales
The Channel	El Canal de la Mancha
To ship	Cargar; embarcar
To tranship	Transbordar
To fly a flag	Ondear un pabellón
Convenience flag	Pabellón deportivo; pabellón de recreo
Gross registered tonnage	Arqueo bruto registrado

Certificate of seaworthiness	Certificado de navegabilidad
Deadweight	Peso muerto
The carrying capacity	Capacidad de carga
It is the maiden voyage of this ship	Es el primer viaje de este buque
The ship does 16 knots	El barco hace 16 nudos por hora
The outward bound ships	Los barcos a punto de salir
Blue Peter	Pabellón de salida (bandera azul con un cuadrado blanco en el centro que se iza en el momento de partida)
The homeward bound ships	Los barcos de regreso
The ship will lay up next voyage	El barco se desarmará en el próximo viaje
Port of registry	Puerto de matrícula
To put in at home port	Tocar en el puerto de matrícula; hacer escala en el puerto de matrícula
To put in at port of call	Tocar en un puerto de escala
To hold up the departure of a ship	Detener la salida de un barco
Log	Diario de a bordo; bitácora
Log book	Cuaderno de bitácora; diario de navegación
To set up beacons in a port	Poner balizas en un puerto
Berth	Fondeadero
When the ship docked	Cuando atracó el barco

Bunkering	Aprovisionamiento de combustible de un barco
Ship takes in fuel and provisions with a shipchandler	El barco se abastece de combustible y provisiones procedentes de un proveedor de buques
Dock dues	Impuestos de muelles
Navy	La Armada; la Marina de Guerra
Naval vessels **War ships**	Barcos de guerra
Naval architect	Ingeniero naval
Shipyard	Astillero
Repair shop	Astillero de reparaciones
Mercantile fleet	Marina Mercante
Merchant service time record	Hoja de servicio en la Marina Mercante
We are in the process of engaging six pilots	Estamos a punto de contratar seis pilotos
Ship	Barco; buque; navío
Port	Babor
Starboard	Estribor
Steamer	(Barco de) vapor
Craft	Barco(s); embarcación(es)
Cargo boat **Freighter**	Carguero; buque de carga
Tramp **Tramp steamer**	Vapor volandero
Dry cargo traffic	Tránsito de cargamento ordinario

A container ship	Barco con contenedores para carga
Collier **Coaler**	Carbonero; barco carbonero
Tanker	Petrolero
Deep drafted tanker	Petrolero de mucho calado
Reefer	Barco frigorífico
Liner	Barco de línea; barco de línea regular
A scheduled service	Un servicio regular
A mail steamer	Barco correo
To commission a tug	Emplear un remolcador
Drifter **Trawler**	Bou
Whaler	Ballenero
Shrimper	Camaronero
Tug **Tow boat**	Remolcador
Lighter	Lancha; barcaza; chalana
Ship on ballast	Barco en lastre
Weather ship	Barco meteorológico
Ice breaker	Rompehielos (buque o espolón)
Docker **Longshoreman (U.S.A.)**	Descargador de muelle
Waterway	Vía navegable
Coasting trade	Navegación de cabotaje
Boating trade **Inland navigation**	Transporte o navegación fluvial
Barge	Barcaza; gabarra

A derelict ship	Un barco abandonado
Flotsam	Restos de barco o cargamento de barco flotando en el agua por naufragio
To break up old tonnage and scrap it	Demoler un arqueo antiguo y convertirlo en chatarra
Underwriter	Asegurador marítimo; compañía aseguradora marítima
Lloyd's register	Registro de Lloyd's (registro de clasificación de los barcos de todos los países)
«A 1»	La mejor clasificación en el registro de Lloyd's es «A 1». Este término en argot se utiliza para indicar que se trata de algo de primera clase
Lloyd's policy	Póliza de seguros marítimos respaldada por el sello de Lloyd's
Lloyd's room appears like a pandemonium	La sala de Lloyd's parece una barahúnda
Shipping exchange	Bolsa de fletes
Voyage charter party	Contrato de fletamiento por el transporte de puerto a puerto
Time charter party	Contrato de fletamiento por la situación de un barco en un puerto determinado durante un período de tiempo establecido

Demise charter party	Contrato de fletamiento por la situación de un barco en un puerto determinado durante un período de tiempo prolongado
Barratry	Negligencia por parte del capitán o de la tripulación de un barco que causa pérdidas al armador
Ship's protest	Sumario verbal de averías de un barco
Shipwreck	Naufragio
Demurrage **Compensation in case of delay**	Estadías; indemnización en caso de demora
To lift delay penalty **To waive claims because of delay**	Retirar los cargos por indemnización de demora
To register a mortgage on a ship	Registrar una hipoteca de un barco
Ship mortgage	Hipoteca marítima
Shipment	Envío; expedición de mercancías; carga
Value of the shipment	Valor de la carga
A shipment may include several consignments	Un envío puede comprender varias consignaciones
Container	Contenedor; envase
The packing list	La lista de compras
Wrapping	Embalaje
Packed in crates **Packed in skeleton cases**	Embalado en banastas

In iron hooped cases	En cajas con cerco de hierro
In cases lined with zinc or tin plate	En cajas guarnecidas de cinc o de hojalata
All cases to be covered with tarpaulins	Todas las cajas deben recubrirse con lonas embreadas
In sacks of 380 lbs	En sacos de 380 libras
Airline	Compañía aérea
Airlines based in...	Compañías aéreas con base de operaciones en...
Air terminal **Air station**	Terminal aéreo
Airport	Aeropuerto
Airport tax	Tasas de aeropuertos
Air traffic	Tránsito aéreo
Air transport	Transporte aéreo
Air freight	Flete aéreo
Home freight **Return freight**	Flete de vuelta
Air waybill	Conocimiento aéreo

20

DOMESTIC TRADE	COMERCIO INTERIOR
MERCHANTS	COMERCIANTES

Working days	Días laborables
Year in year out	Un año con otro
All through the season	Durante toda la temporada
Dull season **Slack time**	Temporada muerta
Off peak	Temporada baja
Off peak day	Día bajo
Overnight	De un día a otro
Rush hours **Peak hours**	Horas punta
The Chambers of Commerce	Las Cámaras de Comercio
Mercantile agency	Agencia de información mercantil
Notice of establishment of a business	Notificación de apertura de un establecimiento comercial
Sole trader	Comerciante individual; comerciante por cuenta propia
To set up in trade for oneself	Establecerse por cuenta propia
To turn over one's business	Traspasar su negocio

To be out of business **To retire from business**	Retirarse de los negocios
By business	Comercio auxiliar
Tradesman	Comerciante; tendero
Operator	Operario
Retailer	Minorista; detallista; comerciante al por menor o al detall
Wholesaler	Mayorista; comerciante al por mayor
The merchant princes	Los grandes comerciantes
A factor	Un factor; un agente; un comisionado
An itinerant dealer	Un comerciante ambulante
With a view to reselling	Con vistas a la reventa
Joint venture	Operación conjunta; negocio en participación
Middleman **Intermediary**	Intermediario
Go between	Enlace o intermediario en negociaciones
This salesman is the aggressive type	Este vendedor es del tipo emprendedor
Sales contest	Concurso de ventas (entre vendedores)
A book canvasser	Un vendedor de libros
Outdoor salesman	Vendedor a domicilio
A commercial traveller canvasses for orders **A drummer canvasses for orders (slang)**	Un viajante de comercio va en busca de pedidos a domicilio

A bagman cuts his teeth	A un representante le salen los dientes entrenándose
To be as glib as a bagman	Tener la locuacidad de un viajante de comercio
Our traveller is leaving for a round of your district	Nuestro viajante sale para hacer un recorrido por esa región
Commercial traveller's territory	La demarcación de un viajante de comercio
Our agent will have the pleasure of waiting upon you	Nuestro viajante tendrá el placer de ponerse a su disposición
Good salesmen are just good listeners	Los buenos viajantes también saben escuchar
Disgruntled salesmen who did not receive immediate commission payment on business they turned in	Representantes descontentos que no recibieron el pago inmediato de las comisionee por las operaciones que habían realizado
Legislation limiting door to door selling	Legislación que limita la venta a domicilio
A sales manager must have a flair for public relation and image building	Un jefe de ventas debe tener sagacidad para las relaciones públicas y para la creación imaginativa
Contractor	Contratista
A zippy promoter **A zippy prime mover** **A zippy developer**	Un promotor muy activo
Concession holder	Concesionario
Engineering company	Sociedad de Ingenieros Civiles
Department store	Gran almacén

Chain store	Almacén con múltiples sucursales
The multiple shop system	El sistema de ventas de los almacenes con múltiples sucursales
A one price store	El almacén de precio único
Mail order business	Negocio de ventas por correspondencia
A supermart	Un supermercado
A distribution network	Una red de distribución
A vending machine	Una máquina automática de venta de productos
An express company	Una empresa de mensajería; un servicio de mensajeros
We have just set up a commission agency	Acabamos de establecer una agencia a comisión
House agency	Agencia inmobiliaria
Estate agent **House agent** **Real estate agent (U.S.A.)** **Realtor (U.S.A.)**	Agente inmobiliario
Furniture store	Guardamuebles
Premises for sale	Locales en venta
To be sold or let with immediate possession	En venta o alquiler con toma de posesión inmediata
The shop is in bad repair	La tienda se encuentra en malas condicones
Stock in trade to be disposed of	Fondo de comercio a traspasar
Iron mongery business for sale	Negocio de ferretería en venta

A superb location **A superb site**	Una situación excelente; un emplazamiento excelente
To let **To hire out**	Alquilar; arrendar
To rent	Alquilar; tomar en arriendo
Lessor	Arrendador
Lessee	Arrendatario
Our lease runs out next month	Nuestro arriendo vence el próximo mes
Back rent	Alquiler atrasado
Rack rent **Rack rental**	Alquiler abusivo
Rake off	Comisión o sisa generalmente en detrimento de los beneficios de un comerciante correspondiente al proteccionismo

SALES — VENTAS

Point of sale	Lugar de ventas
Market **Mart**	Mercado
Outlet	Salida; mercado
Monopsony market	Mercado en el cual se encuentra un solo comprador de un producto o servicio y numerosos vendedores

To market	Dar salida; lanzar un producto
To merchandise	Comercializar un producto
A lopsided trade	Un comercio desequilibrado
The market is dead alive	El mercado permanece inanimado
The market is overstocked	El mercado está saturado
The buyers are hanging back	Los compradores se mantienen a la expectativa
These articles meet with a ready sale	Estos artículos tienen salida inmediata
Fancy goods are sold like hot cakes	Los artículos de fantasía se venden como rosquillas
Good quality croco skin is hard to come by	La piel de cocodrilo de buena calidad es difícil de encontrar
To push the sale with easy payments **To push the sale with easy terms**	Promover las ventas con facilidades de pago; promover las ventas por medio de cómodos plazos
To push the sale, you have to suit every pocket and every taste	Para promover las ventas hay que acomodarse a todos los bolsillos y a todos los gustos
To increase the turnover thanks to an intricate system of kickbacks	Aumentar los rendimientos gracias a un complicado sistema de comisiones o rebajas no autorizadas
To barter **To swap**	Trocar; intercambiar

To buy up **To corner** **To hoard** **To monopolize**	Monopolizar acaparar
To sweep the market	Barrer el mercado (vender mayor cantidad de productos que el resto de la competencia)
Restrictive practice	Represión contra la libre concurrencia
Horse trading	Chalanería
Black marketeers	Traficantes del mercado negro
To fob someone off with something	Timar a alguien con algo
Trademark **Brandmark**	Marca de fábrica
Trademark entered	Marca de fábrica registrada
Hallmark **Proofmark** **Inspection stamp**	Contraste; sello de garantía
Image of hallmark	Diseño del sello de garantía
Gimcrack **Frippery**	Baratija; mercancía de mala calidad
A counter sample	Una muestra para control
The inherent vice	El vicio inherente
The latent vice	El vicio latente
Infringement of patent	Falsificación de patente; plagio de patente
A pattern book	Un registro de muestras
A grade list	Una nomenclatura

A ready reckoner	Un baremo
Our new catalogue is in the press	Nuestro nuevo catálogo está en prensa
An order book	Un registro de pedidos
An order form	Un formulario de pedidos
A small trial order	Un pequeño pedido de prueba
An indent	Un pedido de compra, especialmente cuando se trata de mercancías importadas
The order is ready for dispatch	El pedido está dispuesto para su envío
We are finishing off your order	Estamos ultimando su pedido
Buyers **Customers**	Clientes; compradores; clientela
Valued customer	Un cliente importante
Prospect (U.S.A.)	Posible cliente
Client	Cliente (de profesiones liberales)
A good selection of customers	Un buen núcleo de clientes; un buen surtido de clientes
Prospective new customers	Posibles nuevos clientes
Please quote your best terms and conditions for...	Rogamos nos envíen cotización de sus mejores condiciones de pago y precios correspondientes a...
Odd lot customer	Cliente de menor cuantía
Round lot client	Cliente de gran cuantía

Offer **Estimate** **Tender** **Quotation**	Una oferta; un presupuesto
To call for tenders	Concurso de ofertas
We are willing to take your goods on sale or return	Estamos dispuestos a adquirir sus mercancías en depósito con derecho a devolución
A goodwill refund	Reembolso que se hace a un cliente descontento
No replacement nor refund of money	Artículos no afectos a cambio ni reembolso
To run out of an article	No tener existencias de un artículo
Sold out **Out of stock** **Unobtainable**	Agotado
Out of print	Edición agotada
At present rate of use **At current demand**	Al actual nivel de la demanda
Faded goods	Mercancías deterioradas
Shop soiled goods **Shop worn goods**	Mercancías ajadas (por haber estado en exposición en los escaparates)
Fire sale	Venta de mercancías ligeramente deterioradas o que se crea que se han deteriorado por causa de un incendio
Jumble sale	Liquidación (de artículos usados, deteriorados o decomisados)

Odd sizes	Tallas únicas; tallas especiales
The dead stock	Existencias invendibles; artículos no vendidos
Broken lines	Fin de series
Goods left on hand	Mercancías dejadas de cuenta
Second hand articles	Artículos de segunda mano; artículos de ocasión
Alteration sale	Saldos por reforma
To sacrifice	Malvender
Tare	Tara; merma
Tally	Inventario de mercancías
Delivery of goods	Entrega de mercancías
The goods are lying at the premises	Las mercancías han sido depositadas en los locales
A stout packing	Un embalaje sólido
Delivered at residence	Entregado en el domicilio
By overland route	Por vía terrestre; por tierra
A permit for transit	Un pase
The consignment was found short by kg 100	Faltaban 100 kgs en la partida
With an allowance of plus or minus 5%	Con una tolerancia del 5% en más o en menos
Empties are not taken back	No se admite la devolución de los envases vacíos
Return of empties (jars, bottles, etc.)	Devolución de envases (cascos, botellas, etc.)
After sale service	Servicio post-venta

PRICES	**PRECIOS**
Supply and demand	La oferta y la demanda
The saleable value	Valor de venta, venal o vendible
The current price **The going price**	El precio en curso; el precio corriente
The prevailing prices	Los precios vigentes
Price maintenance	Venta manteniendo los precios
For a nominal extra	Por un suplemento puramente nominal
A competitive price	Un precio competitivo
Just a mite dearer	Solamente un poquito más caro
At bargain price	A precio de saldo
Bargain sale **Clearance sale**	Saldos
Job lot	Saldo de mercancías en venta global; artículos de ocasión
Keen price **Bedrock price**	Precios muy bajos; precios bajísimos
An excellent bargain	Un negocio magnífico
The best value of the market	El mejor precio del mercado
To snap up a bargain	Aprovechar una ganga; lanzarse sobre una ganga
Unconscionable bargain	Un contrato leonino; mal negocio

To knock off 20 pence	Rebajar 20 peniques
Trade discount	Descuento comercial
Cash discount	Descuento por pronto pago
Knock out price	Precio sin competencia
Price ceiling	Precio tope; límite de precios
Cut price	Precio de rebajas
To sell at cut prices	Vender a precio de rebajas
To be sold dirtcheap **To be sold at give away price**	Para vender a muy bajo precio
Sugar given in, into the bargain	Dinero entregado como prima por añadidura
To shade prices	Reducir gradualmente los precios
Tapering charge	Tarifa decreciente; disminución gradual de tarifas
To balloon	Hacer subir los precios más allá de lo normal; inflar los precios
Mark up	Margen de beneficios en los precios marcados por el minorista
To eliminate the processor's mark up	Eliminar el alza de precios de los intermediarios sucesivos
Stores mark down the goods	Los grandes almacenes rebajan el margen de beneficios de las mercancías
To pass higher costs on to the customer	Repercutir en el cliente los precios de costo más elevados

Closely haggled markdowns	Rebajas de precios muy aquilatadas
To bargain **To dicker (U.S.A.)** **To haggle**	Ajustar precios
To buy for a song	Comprar algo por una fruslería
To pay a pretty penny **To pay through the nose**	Pagar a precio de oro
At ransom price	A precio de oro
To pay an instalment	Pagar un adelanto
To give earnest money	Pagar con dinero contante y sonante
To be paid in specie	A pagar en efectivo
Spot cash	Pago al contado a la entrega de la mercancía
Hire purchase	Venta a plazos; venta condicionada; alquiler con opción a compra
To buy furniture on the hire purchase system	Comprar muebles por el sistema de venta condicionada Comprar muebles a plazos
To pay in instalments **To pay by instalments**	Pagar a plazos
To buy as a job lot	Comprar a precio de saldo
To pay on the nail	Pagar a tocateja
May I have your invoice duly receipted at your earliest convenience?	¿Puede darme su factura debidamente cumplimentada con la firma de «Recibí» tan pronto como le sea posible?

To stir up a client **To rouse a customer** **To hound a buyer**	Insistir de nuevo con un cliente; dar de nuevo un toque a un cliente
A transaction which figures out at Frs...	Una transacción que asciende a francos ...
To gross up to $ 100 000	Producir unos ingresos brutos de $ 100.000

21

INTERNATIONAL TRADE	COMERCIO INTERNACIONAL

INTERNATIONAL TRADE IN GENERAL — EL COMERCIO INTERNACIONAL EN GENERAL

Market survey	Estudio de mercados
Commodities	Mercancías; productos; artículos de consumo
Staples	Artículos de primera necesidad
Raw materials	Materias primas
To export capital goods to the US market	Exportar bienes de equipo al mercado de los Estados Unidos
Turn key job	Contrato de compromiso hasta la entrega de llaves
Escrow agreement	Convenio bajo plica en que se invita a uno a hacer algo, y que se entrega a un tercero para transmitirla al interesado al cumplirse cierta condición
Escalator clause	Cláusula movible; cláusula de indexación
Performance bond	Garantía de ejecución de un contrato

Security	Garantía en depósito
Letter of indemnity	Carta de garantía; tarjeta de garantía
As surety	Aval
Joint and several	Conjunto y solidario (referente a derechos u obligaciones)
Without recourse	Sin recurso
Referee	Compromisario; árbitro
Tender	Oferta; licitación
Bid bond	Garantía para tomar parte en una licitación
The quotation conforms exactly to your specifications	La cotización se ajusta exactamente a sus especificaciones
Sample order	Pedido de muestra; pedido de prueba
Sampling order	Orden o autorización para sacar muestras de mercancías en depósito
Fair prices	Precios equitativos
Dumping	Exportación a precios inferiores a los corrientes
Discount	Descuento; rebaja
Attorney in fact	Mandatario de facto; comisionado o apoderado por procuración
Trustee	Depositario; administrador; consignatario
In trust	En depósito
Consigner **Consignor**	Consignador

Factor	Comisionado
Del credere agent	Agente o agencia del credere; comisionista responsable (que recibe una sobreprima de comisión)
Forwarder	Expedidor; agente de tránsito
To dispatch	Enviar; expedir
Consignee	Consignatario; destinatario
Ex warehouse	Franco almacén
Ex works **Ex mill** **Ex factory**	Franco fábrica
To ship	Embarcar; expedir
Bill of lading consigned to...	Conocimiento de carga a nombre de...
Set of bills of lading	Juego o serie de conocimientos de carga
Charter party	Contrato de fletamento
Shipload	Carga de un barco
Gauge	Arqueo; aforo
Hold	Cala o bodega de un barco
Under hatch	Bajo cubierta
Freight note	Factura de flete
Itemized invoice	Factura detallada
Disbursement account	Cuenta de gastos
Incur no charges	Sin gastos; no incurrir en gastos
Principal	Importe principal
Lump sum	Tanto alzado
Payable on demand	Pagadero a la vista

Leasing	Financiación por alquiler-venta
Case	Caja
Crate	Banasta
Drum	Tonel; barril
Bale	Bala; fardo; paca
To stencil	Estarcir
«Down»	Hacia abajo; parte baja (Indicaciones para el manejo de los embalajes de mercancías)
«Up»	Hacia arriba; parte superior (Indicaciones para el manejo de los embalajes de mercancías)
«To be kept dry»	Manténgase en lugar seco (Indicaciones para el manejo de los embalajes de mercancías)
«To be kept in a cool place»	Manténgase en lugar fresco (Indicaciones para el manejo de los embalajes de mercancías)
«With care»	Frágil (Indicaciones para el manejo de los embalajes de mercancías)
Export packing **Seaworthy packing**	Embalaje marítimo
Label **Tag**	Marbete; rótulo; etiqueta
Shortage	Merma; pérdida
Three missing cases in dispute	En litigio tres cajas que faltan
Breakage	Rotura
Pilferage	Hurto de mercancías transportadas
Storage	Estiba; almacenamiento
Warehouse receipt	Recibo de almacén; recibo de puerto franco
Handling charges	Gastos de manipulación, manejo o maniobra

CUSTOMS	ADUANAS
Customs area	Zona aduanera
Customs walls **Customs barriers**	Barreras de aduanas
Customs house	Aduana
Commissioners	Oficiales de aduanas
Customs officer	Aduanero; vista de aduanas
Searcher	Vista; inspector de aduanas
Bonded warehouse	Almacén de depósito aduanero
Public weight master	Pesador público
Customs regulations	Reglamentación de Aduanas
Customs tariffs	Aranceles aduaneros
Bill of sight	Conocimiento de aduana
Customs declaration **Customs entry**	Declaración de aduana
Consular invoices	Facturas consulares
Customs tariffing by measurement	Aranceles aduaneros con relación al volumen
Customs tariffing by weight	Aranceles aduaneros con relación al peso
Customs formalities **Customs clearance**	Despacho de aduana; formalidades aduaneras
Customs agency	Agencia de aduanas
Customs broker	Agente de aduanas

Customs examination	Inspección de aduanas
Customs visa	Visado de la aduana
Customs seal	Sello de aduanas
Customs house seal	Precinto de aduanas
Customs permit	Permiso de aduanas
Customs duties	Aranceles; derechos arancelarios; derechos de aduana
Free of customs duties	Exento de derechos arancelarios
Liable to duty	Sujeto a derechos de aduana
Customs charges	Gastos de aduana
To pay customs	Pagar derechos de aduana
Collector of customs	Recaudador de impuestos arancelarios
Remission of customs duties	Remisión de los derechos arancelarios
To smuggle	Hacer contrabando
Smuggled goods **Contraband**	Contrabando; mercancías de contrabando
Rummaging	Inspección aduanera en los barcos
Clearing to open store	Sacado de aduana tras pago de aranceles y depositado en los almacenes generales
Under bond	En depósito aduanero (mercancías de importación)
Storage in bond	Almacenamiento en depósito aduanero

Sale in bonded warehouse	Venta en almacenes de depósito aduanero
Customs union	Convenio aduanero entre dos países
Free trade	Libre cambio
Free trade area	Zona de libre cambio
Territorial waters	Aguas territoriales
Domestic firms favoured by customs protectionism	Empresas nacionales favorecidas por el proteccionismo aduanero
Free trade zone	Zona franca
Free port	Puerto franco
Free admission	Admisión con franquicia aduanera
Uses and customs **Usages and customs** **Ways and customs**	Usos y costumbres

22

AGRICULTURE	AGRICULTURA
Agricultural economics	Economía agraria
Agricultural support policy (U.S.A.)	Política de protección agraria
State aided **Grant aided**	Subvencionado por el Estado
Agricultural mortgage corporation (U.S.A.)	Sociedad de crédito agrícola
Agricultural engineer	Ingeniero agrónomo
To streamline farming	Racionalizar la agricultura
Entrepreneur	Patrono; propietario - promotor de empresa
Farmer	Agricultor; colono; arrendatario agrícola
Freehold	Propiedad absoluta de bienes raíces
Agricultural holding (U.S.A.)	Explotación agrícola; propiedad arrendada
Farm	Granja; explotación agrícola; hacienda
Subsistence farm (U.S.A.)	Granja o labranza de autoconsumo
Farm hand **Agricultural labourer**	Labrador
Farming lease	Arriendo agrícola

Tenant farmer	Arrendatario agrícola; rentero
Farmer working on shares **Produce - sharing farmer (U.S.A.)**	Aparcero
Farmer's tax	Impuesto de explotación agrícola
Cottage farming	Labranza de poca importancia
Farming of small areas	Agricultura de minifundios
Farming on a large scale	Agricultura de latifundios o en gran escala
Farm equipment **Farming implement** **Agricultural implement**	Aperos
Power agriculture	Motocultivo
Plough	Arado
Land development	Explotación del campo; explotación de un terreno
To lay land fallow	Dejar una tierra en barbecho
Land reclaimed	Recuperación de terrenos; terrenos entarquinados
Waste land	Terreno baldío
Plough land	Tierra labrantía; terreno de labranza; tierra laborable
Pasture land	Tierra de pastos; pastizal
Arable farming	Agricultura; labranza
Fertilizer	Fertilizante
Farm tractor	Tractor agrícola
Reaper	Segadora mecánica

Combine harvester	Segadora-cosechadora
Grain (U.S.A.)	Cereales; grano; trigo
Wheat	Trigo
Rye	Centeno
Oats	Avena
Maize	Maíz
Corn	Trigo (en Gran Bretaña) Maíz (en EE. UU.)
Rice	Arroz
Sugar beet	Remolacha azucarera
Buckwheat	Alforfón; trigo negro; trigo sarraceno
Uncropped harvest	Cosecha sin recoger
Bumper crop	Cosecha muy abundante
Rotation of crops	Rotación de cultivos
Poultry farming	Cría de aves
Long dozen	Trece por docena
Live stock	Ganado
Grazier	Ganadero
Stock breeding **Stock farming**	Cría de ganado
Sheep farming	Crianza de ovejas; crianza de ganado ovino
Fur farming	Cría de animales para la obtención de pieles
Oyster farming	Ostrero; ostricultura
Fruit farming	Fruticultura
Vine growing	Vinicultura
Vine grower	Vinicultor

Vintage	Vendimia; solera; año de fabricación
Vintner	Vinatero
Demi John of wine	Garrafón; damajuana
Reafforestation	Repoblación forestal
Pulp	Lechada o pasta de papel
Paper mill	Fábrica de papel
Saw mill	Serrería
Plywood	Contrachap(e)ado; madera chapeada a contrafibra
Mill	Molino; taller; fábrica
Flour mill	Fábrica de harinas; molino
Oil mill	Fábrica de aceites
Sugar mill	Refinería de azúcar
Dairy	Central lechera; lechería
Preserves	Conservas
Convenience food	Alimentos cocinados en conserva; platos cocinados en conserva
Cold storage	Cámaras frigoríficas; almacenes frigoríficos
Spinning mill **Spinning factory**	Hilandería; fábrica de hilados
Weaving mill	Fábrica de tejidos

23

INDUSTRY IN GENERAL

LA INDUSTRIA EN GENERAL

Staple industry	Industria principal
Key industry	Industria clave
Smaller industries	Pequeña industria
Cottage industry	Industria artesanal; artesanía
Infant industry	Industria incipiente
Press button industry	Industria automatizada
Primary industry	Industria primaria; sector primario
Heavy engineering	Industria pesada
Steel works	Fundición de acero
Blast furnace	Altos hornos
Rolling mill	Laminadora
To equip a foundry	Equipar o pertrechar una fundición
Mechanical engineering	Industria mecánica
Machine tool industry	Industria de máquinas y herramientas
Brass founder and finisher	Fabricante de grifería
Coal industry	Industria del carbón
Chemical industry	Industria química
Glass industry	Industria del vidrio

Optical glass factory	Fábrica de lentes; fábrica de cristales ópticos
Power station **Generating plant** **Generating station**	Central eléctrica
Generating set	Grupo electrógeno
Gas works	Fábrica de gas
Wool industry	Industria de la lana
A cotton mill	Hilaturas de algodón
A brewery	Fábrica de cerveza
Canning industry (U.S.A.)	Industria conservera
Meat packing industry	Industria de carnes en conserva
Aircraft industry	Industria aeronáutica
Computer industry	Industria de fabricación de ordenadores y accesorios de informática
Car industry	Industria del automóvil; industria del motor
Automaker	Fábrica de automóviles
Motor show	Salón del automóvil; exposición del automóvil
An assembly plant will be built to assemble cars and manufacture engines	Se construirá una planta de montaje de coches y fabricación de motores
Repair shop	Taller de reparación
Allied industries **Related industries**	Industrias afines
Industrial tie ups	Acuerdos industriales
Industrial complex	Complejo industrial
Industrial merger	Fusión de industrias

State run industries	Industrias estatales
The combines and strikes were forbidden	Se prohibieron los monopolios industriales y las huelgas
The productions and manufactures	Los productos naturales y los productos manufacturados
The manufacturers **The industrialists**	Los industriales
The actual maker of this brand	El verdadero fabricante de esta marca
Plant manager **Works manager**	Director de fábrica o de planta industrial
Plant superintendent **Production officer**	Jefe de explotación
Supervisor	Jefe de taller; maestro de taller; supervisor
Foreman	Capataz; jefe de sección
Chargehand	Jefe de equipo
The caretaker will show you round the factory	El vigilante les enseñará la fábrica
Conditions on the spot **Conditions at site**	Las condiciones «in situ»; las condiciones sobre la marcha
Facilities	Instalaciones; locales
Fixture and fittings	Instalación y acondicionamiento
Assembly line	Cadena de montaje
Dismantling and reassembling	Desmontaje y recomposición
Suitable for use at works sites	Apropiado para ser utilizado en el lugar de las obras

A plant is operational or idle	Una planta industrial está en funcionamiento o parada
To keep the factory humming	Mantener la fábrica en actividad
The workshop is in full swing **The works are in full running** **The factory is in full running**	La fábrica funciona a pleno rendimiento
Ten hours rating	En régimen continuado de diez horas
Works in progress	Trabajos en curso
To bring into production a more advanced type	Introducir en la producción un modelo más perfeccionado
A definite order	Un pedido en firme
A heavy backlog	Una buena reserva de pedidos que asegura la continuidad de la producción
The shortening of orders	La disminución de pedidos
Workmanship	Mano de obra
Made to gauge	Realizado según plantilla
Faulty product **Defective product**	Producto defectuoso
Due to service abuse and not to any manufacturing defect	Debido al abuso en la utilización y no a ningún defecto de fabricación
Replacements manual **Spare parts manual**	Manual o catálogo de piezas de repuesto
Spare gear	Serie de piezas de repuesto

Replacement schedule (U.S.A.)	Programa de renovación
Replacement time (U.S.A.)	Demora en el reabastecimiento
Current replacement cost	Costo normal de reposición

INDUSTRIAL MANAGEMENT — **LA GESTION INDUSTRIAL**

Management engineering	Organización de la dirección de gestión
Job engineering	Organización del trabajo
Engineering office **Engineering design department**	Oficina técnica
Efficiency expert	Técnico de organización y rendimiento
Draughtsman	Diseñador
Scale model	Maqueta a escala
Establishment charges **The promotion cost**	Gastos de primer establecimiento
Start up costs	Gastos de puesta en marcha
Cost accountancy **Costing**	Contabilidad de costos Contabilidad industrial
Prime cost	Gastos de fabricación
Production cost price	Precio de costo; precio de fábrica
The production cost price diminution is a remote prospect	La disminución de los precios de costo es una probabilidad remota

Operating expenditures and long term investments	Gastos de explotación e inversiones a largo plazo
Operating, maintenance and depreciation costs	Gastos de explotación, mantenimiento y amortización
Depreciation and renewal of machinery	Amortización y renovación de maquinaria
Capital spending for:	Gastos de capital por:
—expansion of capacity	— ampliación de la productividad
—modernization	— modernización
—replacement of outmoded facilities **—replacement of obsolete facilities**	— reposición de antiguas instalaciones
Self financing	Autofinanciación
To trim their investment program	Recortar un programa de inversiones
To take stock	Hacer inventario
Spot checking	Comprobación sobre la marcha
Cross-checking	Comprobación; verificación
To put to work	Emplear; ocupar; dar trabajo
In hand	En proceso
Factory working close to capacity	Fábrica que trabaja cerca del límite de su capacidad de producción
Industry running below capacity	Industria que trabaja por debajo del límite de su capacidad de producción
Fall down	Descenso en el rendimiento

Break even point	Umbral de rentabilidad, punto en que el volumen de ventas solo cubre los gastos de la empresa sin producir beneficios
To fight overspending and overstaffing	Combatir los gastos excesivos
To maintain or improve profit margins through cost cutting, development of new products, or intensified marketing	Mantener o mejorar los márgenes de beneficios mediante reducción de costes, fomento de nuevos productos o intensificación en las salidas de mercados
Escalator clause covering possible increase in the cost of labour	Cláusula móvil que cubre el posible aumento de la mano de obra
Our products are underpriced in relation to rising labour costs	Nuestros productos mantienen los precios excesivamente bajos con respecto al incremento en los costos de mano de obra
Flow line and mass production techniques	Técnicas de trabajo en cadena y producción en masa
Mass produced	Fabricado en serie
Labour saving machine	Maquinaria que reduce la mano de obra
Merit bonus (U.S.A.)	Prima de productividad; prima de rendimiento
Raw materials for 30 days continuous operation	Materias primas para 30 días de fabricación continuada

To defeat our efforts at standardization	Frustrar nuestros esfuerzos por implantar la normalización
The ex-works set price is Frs...	El precio de fábrica establecido es de Frs. ...
Equipment will be charged at the price ruling at the forwarding date	Los equipos se facturarán al precio vigente en la fecha de expedición
It will be a question of phasing out marginal lines and plants	Será cuestión de eliminar gradualmente las plantas y cadenas de fabricación marginales
Further cutbacks are necessary to bring dealer stocks into line	Son necesarias reducciones adicionales para poner en línea los productos destinados a los comerciantes
Industry clamours for quotas	La industria reclama a voz en grito los cupos de importaciones
To safeguard an industry	Proteger una industria
To syndicate an industry	Sindicar una industria
To channel investments into industry	Canalizar las inversiones hacia la industria
Rationalization of industry	Racionalización de la industria
Business is brisk	Los negocios van viento en popa
Business in slack	Los negocios van flojos
A factory closes down	Una fábrica se cierra definitivamente

LABOUR	MANO DE OBRA
International labour office	Oficina internacional de trabajo
Market for labour	Bolsa del trabajo
Demand for labour	Demanda de mano de obra
Supply of labour	Oferta de mano de obra
Shortage of labour **Scarcity of labour**	Escasez de mano de obra
Distribution of labour **Allocation of labour**	Distribución de la mano de obra
Labour turnover	Rotación del personal; fluctuaciones del personal
Labour direct	Mano de obra directa
Labour **Manpower** **Hands**	Mano de obra
Labour force	Efectivos obreros; mano de obra disponible
Female labour	Mano de obra femenina
Aid	Ayudante; auxiliar
Occasional hand	Temporero
Casual labour	Mano de obra temporal
Hand labour **Manual labour**	Trabajo manual
Common labour	Mano de obra no especializada
Skilled labour	Mano de obra especializada

Unskilled labour	Mano de obra no especializada
Labour colony **Labour settlement**	Residencia obrera; ciudad obrera
Work's staff and labour	Empleados y obreros de una fábrica
White collars **White collar workers**	Personal administrativo
Blue collars **Blue collar workers**	Trabajadores manuales
Outworker	Obrero a domicilio; trabajador al exterior
Piece worker	Trabajador a destajo; destajista
Piece work **Job work** **Payment by result**	Destajo
They work by the job	Trabajar a destajo
Shift	Turnos de trabajo; equipos de trabajadores
Working laws	Fuero del trabajo; reglamento de trabajo
Labour legislation	Legislación laboral
Labour - management relations	Relaciones obreros-empresa
Occupational hazards	Riesgos laborales
Occupational disease	Enfermedades laborales
Health insurance	Seguro de enfermedad
Factory inspector	Inspector de trabajo
Welfare worker	Asistente social
Labour exchange	Bolsa del trabajo

Employers' association **Employers' federation**	Sindicato de empresarios
Trade union **Labour union (U.S.A.)**	Sindicato obrero
Lodge	Sindicato local; sección local de los sindicatos nacionales
Local branch	Sección local de un sindicato
Shop steward	Enlace sindical
Yellow dog	Trabajador hostil al sindicalismo o a los sindicatos
The workers' demands	Reivindicaciones laborales
Labour unrest	Inquietud laboral; agitación laboral
Labour troubles	Conflictos laborales
Labour-capital conflicts	Conflictos capital-mano de obra
Grievance committee	Comité paritario
Committee of arbitration for workers **Committee of masters and men**	Magistratura de Trabajo
To furlough workers	Despedir a los trabajadores
Four weeks paid vacation	Cuatro semanas de vacaciones pagadas
Paid vacation wage earners	Trabajadores con vacaciones pagadas
A stoppage of work	Un paro en el trabajo
Lock out	Cierre de una empresa por causa del empresario

Walk out	Cierre de una empresa por causa de los trabajadores
To ratten	Sabotear
Rattening	Saboteo en talleres
To knock off work	Cesar la jornada laboral; hacer huelga
To call a strike	Declarar una huelga
To go on strike **To walk out**	Hacer huelga; declararse en huelga
Picket	Piquete de huelga
Token strike	Huelga de aviso
Work to rule strike **Work to rule slowdown**	Huelga activa
Go slow strike **Ca canny strike**	Huelga intermitente; huelga de reducción de la productividad
Sit down strike	Huelga de brazos caídos
Sit in strike	Huelga de brazos caídos en el trabajo
Sympathetic strike	Huelga por solidaridad
Wildcat strike	Huelga no acordada por el sindicato
Strike for higher pay and fringe benefits	Huega para conseguir aumento de salarios y beneficios adicionales
To call off a strike	Anular una huelga
To resume work	Reanudar el trabajo
Scab **Rat** **Blackleg**	Esquirol; rompehuelgas
To break the strike by using blackleg labour	Deshacer una huelga utilizando esquiroles

To lay off the participants of a strike	Despedir; deshacerse de los participantes de una huelga
To phase out the strikers	Despedir gradualmente a los huelguistas
The plant will have to stick it out till the strike is over	La fábrica deberá pararse hasta que se termine la huelga
A steel strike will put a crimp in the economic recovery	La huelga del acero será una traba para el restablecimiento de la economía
Idle **Out of work** **Workless** **Jobless** **Unemployed** **On the dole list**	Desempleado; sin trabajo; despedido; parado
Unemployment benefit **Unemployment compensation** **Dole**	Subsidio de desempleo; seguro de paro
To line up for unemployment benefit	Hacer cola para percibir el subsidio de desempleo
In the U.S.A., the day a man over 45 loses his job is the day he becomes old	En los EE. UU. en el momento en que un hombre que sobrepasa los 45 años pierde su trabajo es el momento en que se hace viejo

24

COMMUNICATIONS	COMUNICACIONES Y TRANSPORTES
Overland	Por tierra
Route	Itinerario
Stage **Leg**	Tramo; etapa
Thoroughfare	Autovía; arteria de circulación
Motorway **Freeway (U.S.A.)** **Turnpike (U.S.A.)**	Autopista
«A» road	Carretera nacional
Main road	Carretera principal
One way road	Carretera de sentido único; carretera de circulación en un solo sentido
By pass	Desviación
Lay by	Arcén
Cross road	Encrucijada, cruce de carreteras
Round-about	Cambio de sentido
Traffic lights	Luces de señalización
Cats' eyes	Catafotos de las carreteras
Zebra crossing	Paso de cebra
Traffic	Tránsito; circulación
Traffic jam	Embotellamiento

Transports	Transportes
Transports facilities **Ease of transport**	Medios de transporte
Carrier	Transportador; empresa de transportes
Forwarding agent	Agente expedidor
Consignee	Destinatario; consignatario
Consignment note	Conocimiento del embarque; conocimiento de carga
Carriage paid	Porte pagado
Carriage forward	Porte debido
By passenger train	En tren expreso (transporte por ferrocarril de gran velocidad en contraposición a los trenes correo)

Rail transports	Transportes por ferrocarril
The railways **The railroads (U.S.A.)**	Los ferrocarriles
Railway line **Railroad line (U.S.A.)**	Línea de ferrocarriles
Trunk line	Línea principal; vía principal
Heavily travelled line	Línea de mucho tránsito

Feeder lines	Ramal; empalme con la línea principal
Rolling stock	Material móvil
Engine	Locomotora; máquina de ferrocarriles
Shunting engine	Locomotora de maniobras
Railway coach	Vagón de pasajeros
Dining car	Coche restaurante; vagón restaurante
Sleeping car **Sleeping coach**	Coche-cama
Freight car **Lorry (U.S.A.)**	Mercancías; vagón de mercancías
Truck	Furgón de plataforma
Guard's van	Furgón de equipajes
Railway station	Estación de ferrocarril
To Shuttle **To ply**	Viajar en un (tren) corto
Goods yard	Estación de mercancías
Marshalling yard	Estación de maniobras; estación de mercancías
To shunt	Hacer maniobras
Railway tariffing	Tarifas de ferrocarriles
Season ticket	Abono; kilométrico
Commuter	Abonado de trayecto único
Truck load	Rátigo; carga de un vagón
Truck load rates	Tarifas de rátigo; tarifas de carga de vagones
Underground **Tube** **Subway (U.S.A.)**	Metro; ferrocarril metropolitano

Road transports	Transportes por carretera
Motor coach	Autocar
Bus	Autobús
Double decker	Autobús de dos pisos
Haulage contractor	Contratista de transportes
Haulier	Camionero
Haulage	Transporte por carretera; tarifas de transporte por carretera
Trucking (U.S.A.)	Transporte por carretera
Lorry **Truck (U.S.A.)**	Camión
Van	Camioneta

Sea transports	Transportes marítimos
See shipping	Ver carga marítima

Air transports	Transportes aéreos
Airship	Aeronave; dirigible
Jet plane	Avión a reacción

Helicopter **Copter (U.S.A.)** **Chopper (U.S.A.)**	Helicóptero
Air station **Air terminal**	Terminal aéreo
Airport	Aeropuerto; aeródromo
To take off	Despegar
To land **To touch down (U.S.A.)**	Aterrizar
Tarmac	Zona de aterrizaje (pistas y rampas)
Passenger-ticket	Billete de pasajero
Air waybill	Conocimiento aéreo

25

ECONOMY	**ECONOMIA**
For the common good **In the common interest**	Por el bien común
Town planning	Urbanismo; ordenación urbana
Zoning (U.S.A.)	Fomento de los recursos; distribución territorial; ordenación territorial
Gross national product	Producto nacional bruto
Gross national income	Renta nacional bruta
All former economic guidelines, truisms, stereotypes and yardsticks must be thrown to the winds and revised	Todas las directrices, axiomas, estereotipos y patrones económicos anteriores deben ser rechazados o revisados
Four years is not a bad guess for the average economic cycle: three years up and one year down is about par for the course	Cuatro años no es mala conjetura para un ciclo económico medio: tres años de alza y uno de descenso se aproxima a la normal del curso
During his term the best strategy will be to improve the structure of the economy and to phase out the existing wage and price controls without rekindling inflation	Durante su mandato, la mejor estrategia será mejorar la estructura de la economía y eliminar gradualmente los controles existentes de precios y salarios sin avivar de nuevo la inflación

Business was good in 1968, but growing inflation led to a credit crunch and a recession in 1969	Los negocios fueron buenos en 1968, pero la creciente inflación condujo a una limitación del crédito y a una regresión en 1969
Boom	Expansión; recuperación económica
Recovery **Revival of business**	Restablecimiento de los negocios
The economic activity is flattening out	La actividad económica vuelve a tomar la curva horizontal después de un descenso
Business is looking up **Business shapes well**	Los negocios presentan buen cariz
The economy shows fitful signs of recovery	La economía muestra signos vacilantes de recuperación
The economy picks up steam **The economy picks up momentum**	La economía toma impulso
The economy is expected to benefit from bigger government spending on public works	Se espera que la economía se beneficie del aumento de los gastos gubernamentales en las obras públicas
With scores of program reductions and terminations	Con numerosas reducciones y limitaciones de los programas
Peace wil enlarge the opportunities for economic growth	La paz aumentará las oportunidades del crecimiento económico

Slump **Bust**	Depresión; caída vertical de los precios
Shortfall	Déficit
Sluggishness	Indolencia; lentitud
Dull season	Estación muerta
Standstill	Estancamiento
Business is slack	Los negocios andan flojos
Depression	Depresión; crisis económica
Recession	Regresión; retroceso
Business is breaking up	Los negocios se ponen feos
Inflation	Inflación
Demand pull inflation	Inflación ocasionada por la demanda
Cost push inflation	Inflación ocasionada por el alza de los precios de coste
Inflation, the handmaiden of all economic booms	La inflación, esa asistenta de todas las expansiones económicas
The boost in wages is merely a catching up for past inflation	La subida de los salarios no es más que un desquite por la pasada inflación
Inflation eats up wages' increases	La inflación absorbe el aumento de salarios
Spending capacity	Poder adquisitivo
Spending increases are traced to higher payrolls	Los aumentos de gastos se atribuyen al incremento en las nóminas
Consumer buying power **Consumer purchasing power**	Poder adquisitivo del consumidor

The index of wholesale prices rose 0.6% in October from September — El índice de los precios de venta al por mayor ascendió en un 0,6% en octubre con respecto a septiembre

The monthly rise in the Labor Department's seasonally adjusted consumer price index was well under the September 0.5%, but still over the administration target of 0.4%. — El aumento mensual del índice ajustado por temporada de los precios de consumo establecidos por el Ministerio de Trabajo se encontraba muy por debajo del 0,5% de septiembre y, no obstante, todavía por encima de las metas de la Administración Pública del 0,4%

The period preceding the Government's wage-price freeze — El período anterior a la congelación de precios y salarios del Gobierno

Unless the Government cuts spending sharply or raises taxes, it faces large inflationary budget deficits during this fiscal year and the next — A menos que el Gobierno corte radicalmente el gasto y eleve los impuestos, se enfrentará con importantes déficits presupuestarios por inflación durante el presente año fiscal, así como en el próximo

A healthy surplus of exports — Un saludable excedente de las exportaciones

The persistent falling off in exports — El persistente descenso de las exportaciones

Unrequited exports — Exportaciones no compensadas

The national production is subject to two types of — La producción nacional está sujeta a dos tipos de

competition: the substitution of materials and foreign producers	competencia: la reposición de materiales y los productores extranjeros
To dampen sales of imported cars, leaving more room for home brewed cars	Reducir las ventas de coches importados, ampliando el campo de acción para los coches de fabricación nacional
To buck up the economy	Estimular la economía
The Government is stopped short by the wall of money	El Gobierno se ha visto refrenado por el obstáculo del dinero
The policy is paying off	Esta política está dando resultados
Welfare state	Estado de prosperidad
To bail out sick corporations	Sacar adelante las sociedades que se encuentran en dificultad, protegiéndolas
The Government wants to salvage the sprawling marine activities	El Gobierno quiere salvar las actividades marítimas en declive
To spin off certain state run activities that would seem to be better run by private enterprise	Suspender determinadas actividades dirigidas por el Estado que parecerían mejor dirigidas por las empresas privadas
Over the past years, efforts have been expended by the industry to regroup and restructure their operations	En los últimos años, la industria ha realizado considerables esfuerzos por reagrupar y reestructurar sus operaciones
The automakers are reportedly seeking just technical cooperation and li-	Los fabricantes de automóviles, según se dice, buscan únicamente colabo-

cencing agreements, not capital tie-ups

ración técnica y convenios de licencias y no acuerdos financieros

The Dow Jones Industrial index is closing fast on the magic 1,000 mark, a target that proved sadly elusive in 1966 and 1968

El índice de Dow Jones Industrial se está aproximando a la mágica cifra de 1000, meta que tristemente se comprobó era ilusoria en 1966 y 1968

The Dow Jones index can continue climbing after reaching 1,000

El índice Dow Jones puede continuar ascendiendo después de haber alcanzado la cifra de 1.000

This upward earnings trend makes current price-earning ratios seem more reasonable

Esta tendencia de ascenso de las ganancias hace que la relación actual de precios - ganancias parezca más razonable

Investors are more interested in future earnings than in past results

Los inversionistas están más interesados en las ganancias futuras que en los resultados anteriores

Fads proliferated in electronics, nursing home..., etc. shares. Investors and brokers were in a state of euphoria bordering on insanity before the 1966 and 1968 busts

Proliferaron las modas pasajeras en las acciones de electrónica, sanatorios, etcétera. Los inversionistas y los agentes de cambio y bolsa estaban en un estado de euforia que rayaba en la locura antes de las crisis de 1966 y 1968

Now the Mutual Funds are chastened

Se han modificado ahora las campañas de inversión de capital variable

The Investors' attention to improved economic statistics got the massive and sustained rally under way	La atención de los inversionistas hacia la mejora en las estadísticas económicas tuvo como consecuencia una reactivación masiva y continuada
Boondock (U.S.A.)	Países atrasados
Between the developed and developing countries, the gap is widening	La distancia entre los países desarrollados y los que se encuentran en vías de desarrollo se ensancha progresivamente
The underdeveloped countries do not seem to have yet the educated man power or industrial infrastructure necessary to take full advantage of economic aid	Los países subdesarrollados no parecen tener todavía la mano de obra especializada ni la infraestructura industrial necesaria para beneficiarse totalmente de la ayuda económica
Deficiency payment	Subvenciones
Without parceling out aid	Sin fraccionar la ayuda
To dovetail member nations' economies	Hacer que las economías de las naciones miembros estén acordes
To tilt the balance of economic power	Bascular el equilibrio del poder económico
This country trails U.K., France, in per capita income	Este país se encuentra por debajo de Reino Unido y Francia en la renta per cápita
The U.S. loan has helped to revamp the country's economy	El préstamo de los EE. UU. ha coadyuvado a sacar a flote la economía del país
Capital short economies of Europe	Las economías escasas de capital de Europa

The U.S. buys up European industries with euro-dollars	Los EE. UU. compran masivamente las industrias europeas con eurodólares
The accumulated book value of U.S. direct investment abroad now exceeds ... dollars billions	El valor contable acumulado de las inversiones directas de los EE. UU. en el extranjero sobrepasa en la actualidad la cantidad de ... miles de millones de dólares
This country is now quite clearly a nation to be reckoned with	Este país es en la actualidad, sin lugar a duda, una nación a tener en cuenta

26

ACCOUNTANCY	**CONTABILIDAD**

ACCOUNTANCY AND ACCOUNTS — LA CONTABILIDAD Y LAS CUENTAS

Waste book	Libro borrador
Cash book	Libro de caja
Petty cash book	Libro de caja auxiliar; libro de caja de pagos
Day book	Libro Diario
Competent accountant	Contable competente
Registrar	Archivero
Registration	Registro; asiento
Chartered accountant **Certified public accountant (U.S.A.)**	Contador colegiado, autorizado u oficial
Qualified accountant	Perito mercantil
Auditor	Auditor; interventor de cuentas; censor de cuentas
To tick off items in an account	Puntear las partidas de una cuenta
Random check **Sample check** **Snap audit**	Comprobación al azar
To manage an accounting department is a trying job	Dirigir un departamento de contabilidad es una labor ingrata

Account plan	Plan contable
Chart of account (U.S.A.)	Nomenclatura contable
Single entry book keeping	Contabilidad por partida simple
Double entry book keeping	Contabilidad por partida doble
Account	Cuenta
Subsidiary account	Cuenta subsidiaria; cuenta auxiliar
Name of an account	Título de una cuenta
Description of an account	Detalle de una cuenta
On account	A cuenta
Management account	Cuenta de gestión
Trading account	Cuenta de explotación
Purchases account	Cuenta de compras
Wages book	Libro de nóminas
Sales account	Cuenta de ventas
Sundries account	Cuenta de varios
Loan account	Cuenta de créditos
Suspense account	Cuenta de orden
Impersonal account	Cuenta no personal
Capital account	Cuenta de capital
Capital expenditure account	Cuenta de inversiones inmovilizadas
Profit and loss account	Cuenta de pérdidas y ganancias
Proprietary account	Cuenta de resultados
Account-day	Fecha de cierre del ejercicio; fecha de liquidación

Broker's account	Cuenta de liquidación
To list	Relacionar; clasificar
To fall due	Vencer
Due date	Fecha de vencimiento; vencimiento
Bill book **Bill diary**	Libro de cartera de efectos; libro de vencimiento de efectos
Bills receivable book	Libro de efectos a recibir o efectos a cobrar
Bills payable book	Libro de efectos a pagar
Backlog	Pedidos pendientes
Account showing a balance of...	Cuenta que presenta un saldo de...
This account is made up as follows	Esta cuenta se desglosa de la forma siguiente
To agree an account **To reconcile an account**	Comprobar una cuenta
To amalgamate these three accounts into one	Fusionar estas tres cuentas en una
Accounts in the ledger must balance to the penny	Las cuentas del Libro Mayor deben cuadrar al céntimo
Return	Estado
Accruals	Intereses; réditos; entradas; ingresos
To keep the books	Llevar los libros
For book-keeping purposes	A fines contables
Balancing the books	Cierre de cuentas
To close off the books on 31st December annually	Cerrar las cuentas anualmente el 31 de diciembre

The closing entries	Las partidas de cierre de ejercicio; las cuentas de cierre de ejercicio
To falsify the books **To tamper with the books** **To fiddle with the books (slang)**	Falsificar los libros
To swell an account	Engrosar una cuenta
To get rid of incriminating papers	Deshacerse de documentos comprometedores
Posting to ledger	Apunte en el Libro Mayor; registro en el Libro Mayor
To enter an item in the ledger **To make an entry in the ledger**	Pasar una partida al Libro mayor
To reverse	Rectificar por contrapartida
To reverse an entry	Rectificar o anular un apunte por contrapartida
Correcting entry in the ledger	Partida de rectificación en el Mayor
A clerical error has occured	Se ha cometido un error administrativo
To rectify an error **To rectify an oversight**	Rectificar un error
To omit the last three digits	Despreciar las tres últimas cifras
Compensating	Compensable
Per contra	En contrapartida de
The respective totals shall be set off against one another	Los totales respectivos se compensarán entre sí

Statement **Return**	Estado de cuentas
Break up	Detalle de una cuenta
According to the data	Según los datos
The statement as rendered is correct	El estado de cuentas es exacto tal como se presentó
In full of all demands **In full settlement**	En liquidación total
To reconcile these figures with our file	Cuadrar estas cifras con nuestros libros
Household account with supporting invoices	Cuenta de gastos domésticos con las facturas justificativas
These invoices do not tally with the day book	Estas facturas no concuerdan con el Libro Diario
To enclose herewith a statement of your account for May	Enviar adjunto un estado de su cuenta correspondiente al mes de mayo
To enclose herewith a statement of your account as at 31st May	Enviar un estado de su cuenta al 31 de mayo
Please receipt **Kindly send your receipt**	Les rogamos envíen recibo
Kindly return your invoice duly receipted at your earliest convenience	Les rogamos devuelvan su factura debidamente cumplimentada con el recibí tan pronto como les sea posible
Authority for rebate	Facultad para rebajar
Reconveyance	Restitución
To be still short of the total	Estar aún lejos del total

Your payment was 200 francs short	En su pago faltaban 200 francos
In settlement of your attached invoices as listed overleaf	Como saldo de sus facturas adjuntas tal como se relacionan en el reverso
An increase of 5% on the figure for 1970 **An increase over 1970's figure of 5%**	Un aumento del 5% sobre la cifra de 1970
To tot up	Sumar
To add figures down and across	Sumar cifras en sentido vertical y horizontal
Grand total	Suma total
To be out in one's reckoning	Equivocarse de medio a medio
To automate clerical procedures	Automatizar los procedimientos administrativos
Tabulating machine	Máquina tabuladora; máquina contabilizadora
Calculating machine	Máquina de calcular
Adding machine	Máquina de sumar
Duplicating machine	Máquina multicopista
Photocopying machine	Máquina fotocopiadora
Cheque writing machine	Máquina de rellenar cheques
Dictating machine	Dictáfono
Improvements in accounting equipment and electronic treatment of information	Mejora en los equipos contables y en el tratamiento electrónico de la información
Computerised information system	Sistema de información por medio de ordenadores

Computer	Ordenador de datos
Time sharing	Utilización compartida de un ordenador
Punch card **Perforated card**	Tarjeta perforada; ficha perforada
Punch card reader	Lectora de fichas perforadas
Hardware	Equipo físico de los ordenadores; «hardware»
Software	Programación fija del sistema de datos; «software»
Computer processing	Procesamiento del ordenador
Electronic data processing	Proceso electrónico de datos
Computer programming	Programación del ordenador
Instructions for operating the computers	Instrucciones para el funcionamiento de los ordenadores
Computer input	Entrada al ordenador
Computer output	Salida del ordenador
Maintenance of the computers, technical knowledge and training of the operators	Mantenimiento de los ordenadores; conocimientos técnicos y formación técnica de los operadores

BALANCE SHEETS AND STATEMENTS	BALANCES Y ESTADOS DE CUENTAS
A financial statement shows **A financial statement reflects**	El estado de cuentas financiero refleja...
Annual report	Informe anual del Consejo de Administración
Financial year	Ejercicio económico
Budgeting	Contabilidad presupuestaria; elaboración del presupuesto
Cash budgeting	Presupuestos de caja
Consolidated accounts	Estado de cuentas consolidado
To check the merits of forecast	Controlar los fundamentos de las previsiones
Surplus	Superávit; excedente
A record budget surplus	Un superávit presupuestario sin precedentes
Deficit	Déficit
Passive **Adverse** **Showing a debit balance** **Showing a deficit**	Deficitario
To have accumulated a budget deficit of...	Haber acumulado un déficit presupuestario de...
Dead loss	Pérdida total
Pluses	Plusvalías

Minuses	Minusvalías
Assets	Activo
Asset distribution	Distribución del activo
Liquid assets	Activo realizable
Quick assets	Activo disponible
Current assets	Activo realizable a corto plazo
Asset turnover	Movimiento del activo
Earning assets	Activo rentable
Intangible assets	Activo intangible
Key money	Traspaso
Goodwill	Clientela
Patents	Patentes
Patent letters	Certificados de patente
Leasehold properties	Bienes inmuebles construidos en terreno ajeno
Fixtures and fittings	Instalaciones y acondicionamiento
Office furniture and equipment	Mobiliario y equipo de oficina
Machinery	Maquinaria
Stock in trade	Existencia de mercancías
Sundry debtors	Deudores varios
Bills receivable	Efectos a cobrar
Working capital	Capital de explotación
Cash at bank	Saldo en bancos; bancos
Cash in hand	Disponible en caja; caja
Cash ratio	Proporción de liquidez inmediata

Liabilities	Pasivo
Investments	Inversiones
Capital	Capital
Capital entirely paid up	Capital totalmente liberado
To tie up capital	Inmovilizar el capital
To write off capital	Amortizar el capital
Writing off of capital **Capital depreciation**	Amortización de capital
To write off a bad debt	Amortizar una deuda incobrable
Hidden reserves	Reservas latentes
Reserve for taxation	Reservas para cobertura de impuestos
Sundry creditors	Acreedores varios
Bills payable	Efectos a pagar
Loan account	Cuenta de préstamos; cuenta de empréstitos
Dead money **Dormant money** **Dormant balance**	Efectivo inactivo; efectivo inmovilizado
Level of Co's reserves	Nivel de las reservas de la sociedad
To use up one's reserves	Agotar las reservas
Appropriation to the reserve	Asignación a los fondos de reserva
Allotment to extraordinary reserve	Asignación al Fondo de Reserva Extraordinaria
For the endowment of the various reserve funds	Para asignar a los diversos fondos de reserva
Contingency reserve	Fondo de reserva de previsión

Insurance and contingency fund	Fondos de reserva de seguros e imprevistos
To appropriate funds for...	Asignar fondos para...
Petty expenses	Gastos menudos
Incidental expenses	Gastos accesorios
Sundry expenses	Gastos varios
Postages and sundries	Gastos de franqueo y varios
Entertainment expenses	Gastos de representación
Travelling expenses	Gastos de viaje
Accomodation allowance	Dietas de alojamiento
Operating expenses	Gastos de explotación
Overhead expenses **General expenses**	Gastos generales
For its running expenses, the Co. has lived on its reserves	Para cubrir sus gastos operativos, la compañía ha vivido a costa de sus reservas
Expenses rose from last year by just over 3%	Los gastos ascendieron en un poco más del 3% aproximadamente con respecto al año pasado
Expenditure in respect of past financial periods	Gastos con respecto a los ejercicios económicos pasados
Closing down cost	Gastos de liquidación
Current depreciation schedules are out of date	Las tablas de amortización están desactualizadas
The provision for depreciation of assets is calculated on:	Las previsiones para la amortización de activo están calculadas sobre:

The straight-line method	Método de amortización directo o constante
A declining balance	Método de amortización de valor residual
To sort out operating expenditure from long term investments	Desglosar los gastos de explotación de las inversiones a largo plazo
Annual expenditure over and above normal budgetary expenses	Gastos anuales fuera de los gastos presupuestarios normales
The profit works out at F...	Los beneficios ascienden a F ...
Amount carried forward	Cantidad pasada a cuenta nueva; a cuenta nueva
Distribuable net profit	Beneficios líquidos distribuibles
Price-earnings ratio	Proporción cambio en bolsa / rendimiento por acción
Profit margins are narrowing	Los márgenes de beneficios están disminuyendo
Cash flow: profitability obtained in adding depreciation, provisions and net profits	Liquidez: rentabilidad obtenida de la suma de las amortizaciones, previsiones y ganancias líquidas
To run a business at a loss	Dirigir un negocio { en dificultades / con pérdidas }

COST ACCOUNTING	**CONTABILIDAD DE COSTOS**
Financial analysis	Análisis financiero
Management accounting	Contabilidad de gestión
Cost analysis	Análisis de costos
Costing	Contabilidad de costos; elaboración de los precios de costo
Product costing	Contabilidad industrial
Allocation of costs	Imputación de gastos
Cost standards	Normativa de los precios de costo
Fixed costs	Costos fijos
Replacement cost	Costos de reposición
Distribution costs	Costos de distribución
Cost variance	Diferencia de costes; variantes de costes
Feasibility study	Estudio de probabilidades
Time study **Time and motion study**	Estudio de tiempos
Predetermined motion time system	Sistema de tiempos prefijados
Variance analysis	Análisis de variantes
Problem area	Punto crítico
Investment analysis **Profitability analysis**	Análisis de rentabilidad
Profit centre accounting	Contabilidad por centro de beneficios

Earning power	Capacidad de rentabilidad
Earning yield	Rendimiento
Earning performance	Rentabilidad
Performance standards	Normas de rendimiento
Performance against objectives	Realizaciones en contraposición con los objetivos
Earnings on assets	Rendimiento del activo
Return on capital employed	Rentabilidad del capital invertido
Earnings per share	Dividendo por acción
Retained earnings	Beneficios no distribuidos
Profit implication	Repercusión en los beneficios
Profit impact	Incidencia en los beneficios
Growth index	Indice de crecimiento
Growth area	Sector de crecimiento
Continuous stock taking	Inventariar permanentemente
Perpetual inventory	Inventario continuo
Inventory control	Control de existencias
Inventory turnover	Movimiento de existencias
Funds flows	Movimiento de fondos
Source and disposition of funds	Recursos y disposición de los fondos

27

TAXES	IMPUESTOS
Taxation authorities **Department of taxation**	Sección de impuestos de la Administración del Estado (Ministerio de Hacienda)
Registry office **Wills and probate department**	Oficina de Registro
Assessor of taxes **Surveyor of taxes**	Inspector de Hacienda
Assessment	Impuesto; tributo
Tax schedule	Baremo de impuestos
The assessed taxes	Impuestos directos
Graded tax	Impuestos graduales (progresivos o regresivos)
Progress tax **Progressive tax**	Impuesto progresivo
Scheduled tax	Impuesto cedular
Property tax **Land tax**	Contribución sobre bienes raíces
Assessment of land tax **Basis of land tax**	Base imponible sobre bienes raíces
Farmer's tax	Contribución sobre la producción agrícola; tasas sobre los productos agrícolas

Pay-roll tax **Wages tax**	Impuesto sobre el rendimiento del trabajo personal (I.R.T.P.)
To levy a capital tax	Exigir un tributo sobre el capital
Betterment tax	Tributo por plusvalías
Capital gains tax	Impuesto sobre las plusvalías de capital; impuesto sobre el rendimiento de capital
Super tax	Recargo; sobretasa
Retention of the surtax	Retención de la sobretasa
Emergency tax	Impuesto extraordinario
Corporate tax	Contribución de sociedades
Sales tax **Turnover tax**	Impuesto sobre el volumen de ventas
Value added tax	Impuesto sobre el valor añadido
Equalization of taxes	Distribución equitativa de los impuestos
Excise taxes **Excise duties**	Impuestos indirectos; consumos
Small business tax (U.S.A.)	Consumos (impuesto de)
Amusement taxes **Entertainment taxes**	Impuesto de espectáculos
Luxury tax	Impuesto de lujo
Betting tax	Impuesto sobre las apuestas
Local rates	Impuestos locales
Expenses defrayable out of local contributions	Gastos sufragables con los impuestos locales
The town dues	Los arbitrios municipales

Inheritance tax **Estate duties** **Legacy duties**	Derechos reales sobre herencias
Stamp tax	Derechos de timbre
Customs entry	Declaración de aduana
Customs duties	Derechos de aduana; derechos arancelarios
The statistical taxes	Los derechos de estadística
Visitor's tax	Impuestos de estancia o residencia
Chancery dues	Derechos de cancillería
Tax consultant **Tax lawyer**	Consejero fiscal
Tax card **Tax sheet**	Hoja de declaración de impuestos
Income tax return	Declaración de impuestos
Tax payer **Rate payer**	Contribuyente
Persons dependent on the tax payer	Personas que dependen del contribuyente
Tax payer without family encumbrances	Contribuyente sin cargas familiares
Gross income	Renta bruta
Earned income relief	Exención del I.R.T.P.
Taxable income	Líquido imponible
Ratable value **Rateable value**	Base imponible
Tax bite	Deducción fiscal
Free of tax	Exento de impuestos
To claim immunity from a tax	Solicitar la exención de un impuesto

Tax exemption	Exención de impuestos
Tax allowances	Deducciones de impuestos
Tax credit	Crédito de impuestos
Remission	Desgravación; deducción; remisión
Derating **Tax cut** **Relief**	Desgravación
Return of taxes unduly collected	Devolución de impuestos recaudados indebidamente
To untax	Desgravar
Back taxes	Notificación de liquidación de impuestos
Tax duplication	Doble contribución
Double taxation relief	Exención de la doble contribución
Anti-double tax treaty	Convenio para soslayar la doble contribución
Tax collector **Tax gatherer**	Recaudador de contribuciones; exactor
To collect rates and taxes	Recaudar impuestos y tasas
Taxes difficult to get in	Impuestos difíciles de recaudar
Paymaster	Tesorero; habilitado de Hacienda
Tax deducted at the source	Impuesto deducido en origen
Pay as you earn **Pay as you go**	Pago en origen; sistema de retención de pagos en origen

To pay taxes in monthly instalments **To settle taxes in monthly portions**	Pagar los impuestos en plazos mensuales
To overtax the people **To bleed the nation white**	Sangrar el país con impuestos; abrumar al país con los impuestos
In the 50% tax bracket	En el grupo de los que tributan el 50%
Tax effect on...	Repercusión del impuesto sobre...
Tax shelter	Protección fiscal
To evade taxes	Eludir los impuestos; defraudar al fisco
Tax evasion	Evasión fiscal; fraude al fisco
Taxmanship (U.S.A.)	Habilidad de evadir los impuestos dentro de la legalidad
The gimmick is that the interest in tax deductible	El truco consiste en que los intereses son deducibles de los impuestos sobre la renta
Using loans interest deductions constitute a loophole	El empleo de las deducciones de intereses por préstamos constituye una escapatoria
Amortization quota	Cuotas de amortización legal
This figure of ten years will tally with inland revenue figures for amortization	Esta cifra de diez años coincidirá con las cifras de ingresos del erario por amortización

A stamp tax is levied on the par, or subscribed value of share capital	Se recauda un impuesto del timbre sobre el valor a la par o valor suscrito del capital por acción
To fine **To tag** **To give a ticket** **To give a citation**	Multar; sancionar
Tickets dangling from my car **Summons dangling from my car**	Multas puestas a mi coche
Tax rap	Condena por fraude fiscal

28

LEGAL MATTERS	ASUNTOS JURIDICOS
LAWS	LEYES

Law	Ley; jurisprudencia; derecho; fuero
Legislator **Law-maker**	Legislador
To table a bill	Presentar un proyecto de ley
To pass a law	Aprobar una ley
To repeal a law	Derogar una ley; abrogar una ley
Dormant law	Ley en desuso
Unwritten law	Derecho natural
Statute law	Derecho estatutario
Common law	Jurisprudencia
Body of economic laws	Conjunto de leyes económicas; corpus jurídico económico
International law	Derecho internacional
Private international law	Derecho internacional privado
National law	Leyes nacionales; fueros nacionales

Civil law	Derecho civil; derecho romano
Law adjective	Sentencias de jurisprudencia
Commercial law **Mercantile law** **Law merchant**	Derecho mercantil
Maritime law	Derecho marítimo
Navigation laws	Leyes de la navegación
Labour law	Leyes laborales; derecho laboral
Criminal law	Derecho penal
Municipal law	Leyes municipales
Club law **Reign of force**	La ley del más fuerte
Iron law of necessity	Ley férrea de fuerza mayor
Ruling **Regulation**	Reglamentación; ordenación; reglamento
Departure from rules	Desviación de los reglamentos
To run up against the law	Ir en contra de la ley; contravenir las leyes
To infringe regulations	Infringir los reglamentos
Claims	Lo contencioso
Case law	Jurisprudencia
Law case	Proceso legal; proceso contencioso
Issue of law	Cuestión legal; cuestión de procedimiento

DEEDS	DOCUMENTOS
A legal document	Un documento legal
Failing this document	A falta de este documento
Private deed	Escritura privada; documento privado
Instrument drawn up by a solicitor	Escritura legalizada; documento legal (extendido por un procurador)
To execute a deed	Firmar un documento o una escritura
Legalized by a notary	Legalizado ante notario
X francs representing the notarial charges	La cantidad de X francos corresponden a los gastos notariales
To draw up a deed	Extender o redactar un documento
Premises of a deed	Parte o título de una escritura en el que constan la fecha, los nombres, la descripción de la propiedad, etc. Premisas de un documento
To seal a deed	Sellar un documento
To register a deed	Registrar un documento
Deed of assignment	Escritura de transferencia
Agreement	Contrato; convenio; acuerdo
Original of a deed	Original de un documento
Counterpart agreement	Duplicado de un contrato o convenio

Supplementary agreement	Acta adicional
Promissory note	Pagaré; abonaré
Verbal statement **Minutes** **Record** **Reports**	Minutas; informe; memoria; actas
Minute book	Libro de actas
In witness whereof	En fe de lo cual
To write down **To commit to paper** **To commit to writing**	Hacer constar por escrito
Tenor	Texto; contenido; vencimiento de letra de cambio
To initial off	Firmar
Clean signature	Firma sin reservas
To frank	Franquear una carta; refrendar
The undermentionned are authorised:	Los abajo firmantes están autorizados:
To sign singly	Firmar individualmente
To sign any two jointly	Firmar dos conjuntamente
Documents unsigned and so invalid	Documentos no firmados y, por consiguiente, sin valor
Documents duly signed and witnessed **Documents duly executed and attested**	Documentos debidamente firmados y testificados
The holder signs the certificate in blank without filling in the name of transferee	El portador firma el certificado en blanco y sin rellenar el nombre del cesionario

To empower hereby	Dar poder por la presente
For and on behalf of	Por y en nombre de
Severally	Por separado, individualmente
Jointly and severally	Solidariamente; conjunta y solidariamente
Ownership	Propiedad
Rightful holder	El titular legítimo
Rightful owner	El propietario legítimo
The title deeds	Los títulos de propiedad
Freehold	Propiedad absoluta
Freeholder	Dueño absoluto de una finca
Bare ownership **Ownership without usufruct**	Propiedad sin usufructo
Fruition **Usufruct** **Enjoyment** **Beneficial right**	Usufructo
Beneficial owner **Beneficial occupant**	Usufructuario
Tenancy at will and free of rent	Ocupación a título precario y gratuito
Grant of land	Concesión de terreno
To make a survey of land	Levantar planos de un terreno; hacer las mediciones de un terreno
To demarcate a strip of land	Deslindar una franja de terreno
Party wall	Pared medianera

Land subject to a right of user	Terreno afectado por el derecho de servidumbre de paso
To trespass	Traspasar los límites de una propiedad privada; transgredir los límites de una propiedad privada
Realty **Immovables** **Real estate** **Real property** **Landed estate**	Bienes raíces
Estate agency	Agencia inmobiliaria Agencia de bienes raíces
Fixtures	Inmuebles provistos de instalaciones
Ground rent	Renta del terreno pagado por alquiler o por mejora
The breaking up of an estate	Parcelamiento de un terreno
To part with a property	Ceder una propiedad
To vest property in	Conferir la propiedad de...
Mortgage deed	Escritura de hipoteca
Mortgagee	Acreedor hipotecario
Mortgager	Deudor hipotecario
First mortgage	Hipoteca prioritaria
To pay off a mortgage **To clear off a mortgage**	Deshipotecar
To foreclose a mortgage	Incoar una hipoteca
Co-property	Copropiedad
Undivided property	Bienes indivisos
Funded property	Propiedad en usufructo

Copyright	Propiedad literaria
All rights of the record producer and of the owner of the work reproduced reserved	Reservados todos los derechos del productor del disco y los del propietario de la obra reproducida
Copying, public performance and broadcasting of this recording prohibited	Prohibida la reproducción, representación pública o radiodifusión de este disco
Movable property **Personal estate** **Personal property**	Mobiliario; muebles; bienes mobiliarios
Seizure of movable property	Embargo del mobiliario
Vested rights **Vested interests**	Derechos adquiridos
Prescriptive rights **Acquisitive prescription**	Derechos adquiridos por prescripción, por la costumbre
Rights of recourse	Derechos de recurso
With an express salvo of all my rights	Con la excepción expresa de todos mis derechos
Interested party	Parte interesada
On the strength of a promise	Con la fuerza de una promesa
With the proviso that...	A condición de que...
Without prejudice	Con muchas reservas; sin garantía
Under usual reserves	Con las reservas habituales
To disclaim any responsability	Declinar toda responsabilidad
This information is given without engagement or	Esta información se ofrece sin compromiso ni res-

responsibility on the part of the company or of the signatory	ponsabilidad por parte de la compañía o del signatario

CONTRACTS	CONTRATOS
Contract	Contrato; pacto; convenio
Party to **Privy to**	Copartícipe; parte contratante
High contracting parties	Altas partes contratantes
To enter into a contract	Entrar en un contrato
To enter into an agreement	Celebrar un convenio
To enter into a bargain **To drive a bargain** **To strike a bargain**	Hacer un negocio
Under our contract	En virtud de nuestro contrato
As per our agreement **According to our convention**	Según nuestro convenio
By free gift	A título gratuito
Bare contract	Contrato a título gratuito
For a valuable consideration	A título oneroso
Direct contract	Contrato directo; contrato sin intermediarios
Bilateral contract	Contrato bilateral; contrato sinalagmático
Simple contract	Contrato ordinario; compromiso verbal
Private contract	Contrato privado

Contract at an agreed price	Contrato a precio convenido
Naked contract **Nude contract**	Contrato sin contrapartida
Quasi contract **Implied contract**	Contrato implícito
To buy on contract	Comprar según contrato
To come into force **To inure**	Entrar en vigor
Renewable by tacit agreement **Renewable by tacit continuation**	Renovable por acuerdo tácito
To terminate a contract	Rescindir un contrato
To void a contract	Anular un contrato
To contract out	Renunciar por contrato a...
Liable at law	Sujeto a la ley; responsable civilmente
Unlimited liability	Responsabilidad ilimitada
I the undersigned hereby undertake	El abajo firmante, por la presente, se compromete a...
We jointly and severally undertake	Nos comprometemos conjunta y solidariamente a...
I cannot accept your offer without this proviso	No puedo aceptar su oferta sin este requisito
Guarantee **Safeguard** **Pledge** **Underwriting** **Warrant**	Garantía
Pledging	Fianza; pignoración

A letter of indemnity	Una carta de garantía
Under this guarantee	En virtud de esta garantía
Joint surety	Contrato de garantía solidario
To obtain safeguard	Obtener garantías
This guarantee shall inure to the benefit of... and be binding upon...	Esta garantía entrará en vigor en beneficio de... y obligará...
To underwrite the solvency or default	Garantizar la solvencia o insolvencia
We indemnify you against all consequences which may arise from...	Le damos garantía contra todas las consecuencias que puedan derivarse de...
To save someones harmless from any claims	Poner a alguien a salvo de todo tipo de reclamaciones
Retention **Retainage**	Retención de garantía de un contrato
To be promise bound	Estar obligado por su promesa
Just pay lip service to the contract	Aténgase a lo escrito y no al espíritu del contrato
Cancelling clause	Cláusula de rescisión
To disregard the right of repurchase granted to...	Desestimar el derecho preferente de compra concedido a...
The provisions of this clause shall be construed as being in derogation with	Las disposiciones de esta cláusula deberán interpretarse como derogación de...
Lien	Embargo preventivo; obligación; gravamen; privilegio

Specific lien **Particular lien**	Privilegio especial
Lienor	Acreedor con garantía de fianza
Vendor's lien	Privilegio de vendedor
Lien on the personal property of a debtor	Privilegio sobre los bienes mobiliarios de un deudor
Privilege	Privilegio; inmunidad; franquicia; exención
Preference creditor	Acreedor con derecho de preferencia
To identure	Escriturar; hacer contrato; hacer contrato de aprendizaje
Sale by private contract	Venta por contrato privado; venta de mutuo acuerdo
Sale with a power of redemption **Sale with an option of redemption**	Venta con pacto de retro
Compulsory acquisition of property by public bodies	Expropiación por parte de los organismos públicos
Due allowance being made	Teniendo todo en cuenta
Marriage settlement	Contrato de matrimonio
Separation of estates	Separación de bienes
Judicial separation	Separación judicial
Alimony **Maintenance**	Alimentos; asistencias (pensión por)
A breadwinner has to feed his dependents	Un cabeza de familia debe alimentar a las personas a su cargo

To take out an annuity	Hacer un seguro de renta vitalicia
To put all into an annuity	Meter todo en una renta vitalicia
To buy an annuity **To invest money in a life annuity** **To invest money at life interest**	Invertir en / Adquirir: un seguro de renta vitalicia
Survivorship annuity	Renta vitalicia pagadera al superviviente del asegurado o de otro beneficiario
Conveyance of property inter vivos	Transmisión de bienes inter vivos
Demise	Traslación de dominio; legado en testamento; transferencia
Legal capacity	Capacidad jurídica
Testator, testatrix	Testador; testadora
Will **Last will and testament**	Testamento; última voluntad
To be cut out of any former wills	Excluir de cualquier testamento anterior
Codicil	Codicilo; memoria
To bequeath	Legar
Various legacies and bequests	Diversas donaciones y legados
Recompense	Recompensa; indemnización
Deed of gift	Escritura de donación
To make over one's money to sometone	Disponer de su dinero en favor de alguien

Transfer by death	Transmisión por defunción
To come into a property	Heredar un terreno
Estate distribution	Partición de una herencia
As he is dead, the portion that would have been his goes back into the estate to be shared out among you	Como ha fallecido, la parte que le hubiera correspondido vuelve a la herencia para ser repartida entre ustedes
Party to an estate	Coheredero
Assign **Assignee**	Cesionario
Residuary legatee	Legatario universal; heredero universal
Estate executor	Albacea testamentario
Amount due to the estate of the deceased which will be paid on production of probate to me	Cantidad correspondiente a la herencia del finado que se me pagará a la presentación de la homologación del testamento
Estate administrator	Administrador testamentario; albacea testamentario
Estate office	Oficina de administración de herencias
Chief guardian	Tutor general
Trustee	Síndico; fideicomisario; depositario; fiduciario
Board of trustees	Comisión de fideicomisarios
This estate is devolved upon **This estate is vested in...**	Esta herencia ha pasado a...

The illegitimate child cannot share in an estate	El hijo ilegítimo no puede compartir una herencia
Residue	Resto (de una herencia)
Portion accruing to each heir	Parte correspondiente a cada heredero
An involved estate	Una herencia cargada de deudas
To come into an encumbered estate	Heredar un legado cargado de deudas

LEGAL PROCEEDINGS — PROCEDIMIENTOS LEGALES

To read law **To study law**	Estudiar derecho
Master of laws	Licenciado en derecho
Doctor of laws	Doctor en derecho
To buy a practise	Poner un bufete
Law firm	Bufete
Chambers	Bufete; consultorio de un abogado; sala de justicia
Incumbent	Titular de un cargo
To be in the law	Trabajar en un bufete
Law writer	Jurista
Legal adviser **Legal counsel**	Abogado; asesor jurídico
We want to take the advice of our legal counsel	Deseamos pedir consejo a nuestro asesor jurídico
Barrister	Abogado demandante

To be disbarred	Está excluido del grupo de los letrados
Notary public	Notario público
Solicitor **Attorney**	Abogado; letrado
Commissioner for oaths	Funcionario encargado de tomar juramento
Tipstaff **Process-server** **Sheriff officer**	Ujier; portero de estrados
Affidavit made by process-server	Testificación realizada por el ujier
Usher	Ordenanza; ujier
To brief	Compendiar; dar instrucciones a un abogado
To be acting for...	Actuar por cuenta de...
To hold a brief...	Defender a...; abogar por...
With full powers to act on your behalf	Con plenos poderes para actuar por cuenta de usted
How is the solicitor getting along with this affair?	¿Cómo lleva el letrado este asunto?
Fees **Honoraria**	Honorarios (de un abogado, de un médico, etc.
Retainer	Anticipo de honorarios (generalmente de abogado)
Brief and refresher amount to...	La minuta y los honorarios complementarios ascienden a...
The law costs	Las costas de un juicio
Before calling for prosecution	Antes de entablar un juicio

Owing to his default, I take proceedings against him to obtain redress	Debido a la negligencia de sus obligaciones, tomo medidas contra él para obtener reparación
To take legal action **To embark on legal proceedings** **To go to law**	Tomar acción legal
Summons	Citación; comparecencia
To summon for a debt	Citar para el pago de una deuda
A summons for execution	Requerimento
To take out a summons against someone	Conseguir una orden de emplazamiento contra alguien
The writ has been served on your agent	Se ha notificado el mandamiento a su representante
To bring an action against...	Entablar un proceso contra...
A libel suit **An action for libel**	Un proceso por difamación
To claim for damages	Reclamar daños y perjuicios
To sue for damages	Demandar por daños y perjuicios
To litigate a claim	Presentar una demanda ante los tribunales
In support of my claim	En apoyo de mi demanda / reclamación
You have no call to claim that	Si no tiene usted derecho para recabar esa reclamación

We cannot entertain your claim	No podemos tomar en consideración su demanda
To abandon one's claim	Renunciar a su demanda
To attach	Hacer un anexo Embargar Decomisar Incautarse de
Possession is nine points of the law	El poder es ley
Distraint	Embargo
To levy a distraint	Realizar un embargo
Furniture under distraint	Mobiliario embargado
An impounded washing machine	Una lavadora en depósito de embargo
Valuer **Valuator** **Appraiser**	Valorador; tasador
Arbitrator	Arbitrador; árbitro
An umpire between two arbitrators	Juez árbitro entre dos árbitros; compromisario entre dos áritros
To hold an inquiry **To conduct an inquiry**	Llevar a cabo una investigación; hacer una indagación
To submit disputes to arbitration, on the understanding that the award shall be final and conclusively binding upon parties	Someter los litigios a arbitraje judicial, en el entendimiento de que la sentencia será decisiva y definitivamente obligatoria para las partes
To indemnify **To recoup**	Indemnizar; resarcir
To recoup oneself	Resarcirse

Replevin	Auto de desembargo; reivindicación
Breach **Misuse**	Abuso; uso indebido
Breach of trust	Abuso de confianza
Embezzlement	Abuso de confianza por desfalco
Misuse of authority	Abuso de autoridad
To act ultra vires	Cometer un exceso de autoridad
Defalcation	Desfalco
Defalcator of public money	Concusionario; malversador de fondos públicos
Malversation	Malversación
His malpractises have been disclosed	Se han descubierto sus trampas
Peculation	Prevaricación
They are next door to bankruptcy	Están rayando la quiebra
Spate of bankruptcies	Aluvión de quiebras
To go bankrupt	Ir a la quiebra
Dunned by creditors	Acosado por los acreedores
Petitioning creditor	Acreedor demandante
To go into liquidation, voluntary or compulsory	Declararse en liquidación, voluntaria u obligatoria
Act of bankruptcy	Acta de quiebra
To file a petition in bankruptcy	Presentar una petición de suspensión de pagos; declararse en quiebra

Statement of affairs	Estado de cuentas en liquidación; balance de liquidación
The bankruptcy Court	Tribunal de quiebras
To be adjudicated bankrupt	Haber sido declarado en quiebra
Winding up order	Decisión del tribunal declarando la liquidación judicial de una compañía
Decree in bankruptcy	Sentencia de quiebra
Fraudulent bankruptey	Quiebra fraudulenta
Receiving order	Orden de embargo
Receiver in bankruptcy	Administrador judicial de quiebras
The official assignee **The trustee in bankruptcy**	Depositario judicial; síndico; liquidador
Committee of inspection	Junta de acreedores (comisión de acreedores encargados de la inspección de una quiebra)
To prove claims in bankruptcy and liquidation	Comprobar los créditos contra una quiebra y una liquidación
Secured creditor **Preferential creditor**	Acreedor preferente
Unsecured creditor	Acreedor quirografario
Amicable settlement	Arreglo amistoso
Deed of arrangement	Acta de convenio entre los acreedores y el deudor insolvente
Composition	Convenio sobre el pago de cantidades inferiores a las que son debidas

Scheme of composition **Scheme of arrangement**	Plan de convenio de pago
In liquidation	En liquidación
Discharged bankrupt	Exoneración de quiebra
Uncertificated bankrupt **Undischarged bankrupt**	Quiebra no exonerada
Deed of assignment	Acta de cesión (de un deudor insolvente a sus acreedores de la totalidad de sus bienes)
Compulsory sale	Venta decretada por las autoridades judiciales

THE COURTS — LOS TRIBUNALES

Justice will out	La justicia dirá la última palabra
To take the law into one's own hand	Tomarse la justicia por la mano
Ignorance of the law excuses no one	La ignorancia de la ley no excluye (exime de) la culpa
Infringement of the law	Quebrantamiento de la ley
To set the law at defiance	Burlarse de la ley
Offence	Delito
Technical offence	Cuasidelito
Petty offence **Misdemeanour**	Delito menor
To be charged with felony	Estar acusado de un delito

To pin the crime on X	Cargarle el delito a X
The culprit **The guilty party** **The wrongdoer**	El culpable
In pursuance of the law	Conforme a la ley; de acuerdo con la ley
Caselaw	Jurisprudencia
Moot case **Moot point**	Cuestión pendiente
Import	Sentido; acepción
Ambit	Ambito
Scope of action	Radio de acción
Scope of application	Campo de aplicación
To construe	Interpretar; analizar; reconstruir palabra por palabra
To press charges	Acusar
To notify the police	Informar a la policía; avisar a la policía
To turn snitch **To grass**	Delatar a los cómplices
To bring a case before the Court	Apelar a los tribunales; llevar un caso a los tribunales
To arraign	Procesar
To garnish	Emplazar; notificar
With a subpoena to appear before a Court	Con citación para presentarse ante un tribunal de justicia
To frame	Tramar / Amañar una acusación falsa

An arrest warrant against	Una orden de arresto contra
To search someone's premises	Registrar el domicilio de alguien
The Courts	Los Tribunales de Justicia
This case is not within the jurisdiction of the Justice of the Peace	Este caso no se encuentra bajo la jurisdicción del juez de paz
Summary Tribunal	Juzgado de Recursos; Juzgado de Sumarios
Judge in chambers	Juez de Recursos / Sumarios
To hear a case in chambers	Juzgar un caso en el Tribunal de Recursos
Trade Court	Tribunal Mercantil
Trade register	Registro Mercantil
To appeal a case	Recurrir contra un cosa; interponer apelación; apelar contra un caso
The Court of Appeal	El Tribunal de Apelación
The Court of Appeal upheld a lower Court decision	El Tribunal de Apelación ratificó el fallo del Tribunal de primera instancia
To dismiss an appeal	Rechazar una apelación
Confirmed by the Court	Ratificado por el tribunal
A cross action	Una reconvención
The Court has dismissed our case	El tribunal ha desestimado nuestro caso
To apply for the annulment of the judgment / **To lodge an appeal with the Supreme Court**	Apelar al Tribunal Supremo

The Supreme Court **The Supreme Court of Appeal** **High Court of Appeal**	El Tribunal Supremo
The Supreme Court rejects the findings of the Court of Appeal	El Tribunal Supremo rechaza las sentencias del Tribunal de Apelación
A judge	Un juez
The judge takes the oath as he takes up his post	El juez presta juramento cuando toma posesión
Judges must eschew politics and be evenhanded	Los jueces deben abstenerse de tomar parte en la política y ser imparciales
A panel of three judges	Un jurado de tres jueces
Never judge a case on its outside merits	Nunca juzgues un caso por su apariencia exterior
The judge bangs his gavel	El juez hace sonar su martillo
A judge renders a judgement	Un juez dicta sentencia
A jury renders a verdict	Un jurado dictamina su fallo
Surrogate (U.S.A.)	Juez de testamentarías
The examining magistrate	El juez de instrucción
To examine the accused **To question the accused**	Interrogar al acusado
To grill a prisoner (slang)	Interrogar a un detenido
To exculpate	Exculpar
To set free **To let off** **To release**	Liberar

The accused was let off when they could not find proof	Libertaron al acusado por falta de pruebas
Prosecutor	El fiscal
Actuary of a Court	Secretario de un Tribunal
Barrister **Attorney** **Advocate (Scotland)** **Pleader**	Abogado; defensor
A barrister pleads for	Un abogado defiende (a)...
To impound	Depositar documentos en el archivo de un tribunal
Venue	Jurisdicción; lugar del juicio; lugar de un crimen
He does not come under my jurisdiction	No depende de mi jurisdicción
To change the venue of a trial	Cambiar el lugar del juicio; enviar la vista de una causa a otro tribunal
The first hearing	La primera audiencia; la primera vista
To remand in custody	Enviar a otro tribunal
In camera **In private hearing** **In closed-doors session**	A puerta cerrada
Plaint	Demanda
Litigant	Litigante
The plaintiff **The claimant**	Demandante
The onus of the proof is upon the claimant **The burden of the proof must be with the plaintiff**	La responsabilidad de una prueba corresponde al demandante

This clause shifts the burden of proof on to the claimant	Esta cláusula transfiere la responsabilidad de la prueba al demandante
The defendant	El defensor
To swear in a jury	Hacer prestar juramento a un jurado
To swear in a witness	Hacer prestar juramento a un testigo
The witness stand	El estrado de los testigos
The dock	El banquillo de los acusados
A statement on oath	Una declaración bajo juramento
Owing to the default of the plaintiff the case was struck off the roles	Como consecuencia de la no comparecencia del demandante el caso se eliminó del turno de causas y pleitos
The witnesses are examined by the plaintiff's counsel, then cross-examined by the defendant's barrister	El abogado del demandante interroga a los testigos, después, el abogado de la defensa los vuelve a interrogar
Pleadings	Alegato Defensa Informe
Summing up	Resumen de las declaraciones y debates por parte del juez
Non suit **Discharge** **Exoneration (U.S.A.)** **Nolle prosequi**	Sobreseimiento
He was acquitted	Fue absuelto

To pardon	Absolver, indultar
He was sentenced in absentia	Fue condenado por rebeldía
The court threw the book at him (slang)	El tribunal le aplicó la máxima pena
Ten years suspended sentence	Diez años de condena aplazada
Outrageous verdict rendered against...	Veredicto de escándalo contra...
Mis-trial	Juicio nulo por error o desacuerdo del jurado
Opposition was made to the execution of judgment	Se presentó oposición a la ejecución de la sentencia
To avoid / To void / To annul / To quash / To rescind a judgment	Anular una sentencia
To determine	Sentenciar
Fiat	Fiat; mandato; orden
Writ of execution	Orden de ejecución
Injunction	Interdicto
If judgment is entered for the plaintiff the defendant must comply with the judgment	Si se dicta sentencia a favor del demandante, el defensor debe someterse a la sentencia
Liquid damages	Indemnización en efectivo por daños y perjuicios
Costs / Law costs / Legal costs	Costas del juicio
To admit someone to bail / To release someone on bail	Poner a alguien en libertad provisional bajo fianza

To be on bail **To be on probation**	Estar en libertad provisional bajo fianza
To abscond **To jump bail**	Huir de la justicia
He got off due to his lawyer's help	Fue absuelto gracias a su abogado
He thought he put something over on the company by taking the funds, but they found out	Pensaba estafar a la compañía escapando con los fondos, pero le descubrieron
This embezzler turned himself in	Este estafador se entregó a la policía
To serve one's sentence	Cumplir su condena
To be sentenced to ten years imprisonment	Ser condenado a diez años de prisión
To be put away for ten years **To be sent up for ten years**	Estar en la cárcel durante diez años
To break out **To bust out**	Escaparse de la cárcel; evadirse
A get-away	Una evasión
To track down the convict with dogs	Rastrear al preso con perros; seguir la pista al convicto con perros
To zero in on the gang (U.S.A.)	Cercar a la banda

29

TOURISM AND BUSINESS	EL TURISMO Y LOS NEGOCIOS
Portfolio	Portafolios; cartera de documentos
Brief case	Cartera de documentos
Attache case	Attaché; maletín de documentos
Suitcase	Maleta
Travelling case	Neceser; maleta de viaje
Wardrobe case **Garment case (U.S.A.)**	Maleta ropero
Toilet bag **Dressing case**	Estuche de aseo
Hold-all	Bolsa de viaje
Trunk	Baúl
Camera	Cámara fotográfica
Cine-camera **Movie-camera (U.S.A.)**	Tomavistas
Tape recorder	Magnetófono
Record player	Tocadiscos
Radio set	Aparato de radio
TV set	Aparato de televisión
Porter	Mozo de cuerda
Baggage cart **Baggage trolley**	Carretilla de equipajes

Lost luggage	Equipajes extraviados
The lost luggage department	Servicio de objetos perdidos
Misrouted luggage	Equipajes extraviados; equipajes enviados a destinos equivocados
Excess luggage	Exceso de equipaje
Left luggage office **Cloak room**	Consigna
Locker	Taquillas de consigna automáticas
We operate Polar flights in conjunction with X Airline	Tenemos vuelos polares en servicio en conexión con la compañía aérea X
Long distance services	Líneas o servicios de larga distancia
Local services **Domestic serices**	Servicios o líneas domésticas o nacionales
Connecting services	Servicios en tránsito
First class	Primera clase
Economy class	Clase económica; clase turista
Tourist class	Clase turista
Reduced fare	Tarifa reducida
Half fare	Media tarifa
Circular fare	Tarifa circular; tarifa de viaje circular
Incentive fare	Tarifa de promoción
An upgrading	Una reclasificación ascendente
A downgrading	Una clasificación regresiva

Deadline reservation	Fecha de confirmación de la reserva
Cancellation	Anulación; cancelación
A limousine	Un coche con chófer
A self-drive hire car	Un coche de alquiler sin chófer
Be at the airport by seven p.m.	Esté en el aeropuerto para las siete de la tarde
The perfect new convention centre	El nuevo centro de reuniones perfecto
These congressmen will convene in Paris	Estos congresistas se reunirán en París
A main conference and cultural and theatrical presentation hall seating up to 4,300 people	Un pabellón principal de exhibiciones para conferencias, actos culturales y teatrales que dispone de asientos para 4.300 personas
Twelve various capacity meeting halls all linked by closed-circuit TV	Doce clases diversas de salas de juntas, unidas todas por un gran circuito cerrado de TV
Panoramic banquet room	Salón de banquetes con vistas panorámicas
Boutiques and shops	Tiendas y almacenes
Any group or private secretarial assistance in any language	La ayuda de cualquier grupo de secretarias o particular, en cualquier idioma
Seats equipped for simultaneous interpretation in six languages	Puestos equipados para traducción simultánea en diez idiomas
Hall with impeccable acoustics	Sala de conferencias con una acústica impecable

To take the floor **To address the meeting**	Tomar la palabra
When you speak, the most important is to sound friendly	Cuando se habla, lo más importante es adoptar una postura amistosa
Hordes of vacationers	Un aluvión de veraneantes
Scores of visitors piloted by a guide	Veintenas de turistas conducidos por un guía
A lot of visitors shepherded by a guide	Montones de turistas conducidos por un guía
Tan seekers **Sun worshippers**	Los que buscan el bronceado por la acción del sol
Luxury hotel	Hotel de lujo
Top class hotel	Hotel de primera categoría
Very confortable hotel	Hotel muy cómodo
Good average hotel	Hotel medio bueno
Fairly confortable hotel	Hotel bastante cómodo
Plain but adequate hotel	Hotel corriente pero adecuado
Quiet and secluded hotel	Hotel tranquilo y aislado
The establisment is open all the year round	El establecimiento está abierto todo el año
Full board in the season	Pensión completa en temporada
Full board off season	Pensión completa fuera de temporada
To want a suite atop the hotel	Querer una «suite» en la parte superior del hotel
To want a bedroom with private shower, but no lavatory	Querer una habitación con ducha individual, pero sin retrete

Starred restaurant well worth the journey	Restaurante famoso que merece la pena el desplazamiento
The fare is exquisite	La carne es exquisita
At this restaurant it was highway robbery	En este restaurante nos clavaron
Plain but good restaurant with good meals at moderate price	Restaurante sencillo, pero agradable, con comidas buenas y precios moderados
Set meals menu	Menú fijo
A la carte menu	Menú a la carta
Low grade table d'hôte	Mesa redonda de baja calidad
Indifferent food	Comida pasadera
A scanty meal	Una comida frugal; una comida parca
To make a great spread **To prepare a feast** **To go overboard (U.S.A.)**	Tirar la casa por la ventana
To be a good trencherman	Tener buen saque; tener buen diente
To gorge **To stuff oneself to repletion**	Hartarse de comida; ahitarse
To be dainty as a cat	Ser más refinado que un gato
The main dish **The main course**	El plato principal; el plato fuerte
Over the walnuts and the wine	A los postres; al final de la comida
A breakfast	Un desayuno
A continental breakfast	Un desayuno europeo

A lunch	Un almuerzo; una comida de mediodía
Short order lunch counter	Mostrador para comidas rápidas
A seminar breakfast	Un desayuno de trabajo; un desayuno de negocios
A snack	Piscolabis; tentempié
A brunch (U.S.A.)	Un desayuno copioso
Dinner	Cena
A scratch dinner	Una cena ligera
To dine free	Cenar de balde, de gorra, gratis
Late supper	Cena de última hora
Have dinner with us, you take us as you find us	Ven a cenar con nosotros a casa a lo que haya
To give someone a complimentary dinner	Dar a alguien una cena de honor
Half a loaf is better than no bread	A falta de pan buenas son tortas
Don't bite off more than you can chew	No comas con la vista
An empty stomach has no ears	A buen hambre no hay pan duro
A drink **A beverage**	Una bebida
A soft drink	Una bebida sin alcohol
A liquor	Una bebida alcohólica
Bartender (U.S.A.)	Barman; dependiente de barra
Wine waiter **Wine steward**	Bodeguero; botillero; «sommelier»
Wine list	Carta de vinos

NV: non vintage	Vino sin el año de cosecha
A complimentary drink **A free of charge beverage**	Una copa de cortesía
To have a soft spot for champagne	Tener debilidad por el champaña
Cheers **Here's to you**	A su salud; chin, chin
Bottoms up	De un solo trago
To drain a glass **To down a glass**	Vaciar un vaso
To drink like a fish	Beber como un cosaco; ser una esponja
To drink hard	Beber a palo seco
The more you drink, the more you crave	Cuanto más se bebe, más sed se tiene
To drink away one's problems	Beber para olvidar
Dutch courage	La osadía de la bebida
Wine fuddles the brain	El vino embota las ideas
To sober up **To sleep off**	Dormir la mona; quitarse la borrachera
To eschew wine **To kick the habit of drinking**	Retirarse de la bebida
In for a penny, in for a pound	A lo hecho, pecho; da lo mismo ocho que ochenta
To drain the cup to the dregs	Apurar el cáliz hasta las heces; beber hasta la última gota
At the hotel reception desk, you have to check in and to check out	En el mostrador de recepción del hotel hay que rellenar una ficha al llegar y pagar la factura al marcharse

Reception desk clerks hand out keys	Los recepcionistas entregan las llaves de la habitación
Janitor (U.S.A.)	Portero; conserje
Liftman	Ascensorista
Bell captain	Jefe de botones; conserje encargado de los botones de hotel
Page (U.K.) **Errand boy** **Bellman (U.S.A)**	Botones
Attendant in charge **Attendant on duty**	Vigilante; encargado
Chef	«Chef»; cocinero de hotel o restaurante
Cook	Cocinero; cocinera
Butler **Head waiter**	Maître (d'hôtel); jefe de camareros; jefe de rango
Waiter	Camarero
Footman	Criado; sirviente; lacayo; mozo
Valet	Mozo de habitación; ayuda de cámara
To valet	Limpiar y planchar la ropa de un cliente de hotel
Chamber maid **Parlour maid**	Camarera de hotel
Barber	Peluquero de caballeros
Hair dresser	Peluquero o peluquera de señoras
Cosmetician	«Esthéticienne»; especialista de un instituto de belleza; visagista

Manicurist	Manicura
Chiropodist	Pedicuro; callista
Hotel facilities	Las instalaciones del hotel
With all modern comforts and conveniences, including automatic telephones, radio, TV, in each room	Con todo el confort y comodidades modernas, incluyendo servicio telefónico automático, radio y TV en cada habitación
Twenty passenger and forty freight elevators and ten escalators	Veinte ascensores de pasajeros, cuarenta montacargas y diez escaleras mecánicas
Parking place for 1,000 cars	Plazas de aparcamiento para 1000 coches
Car park for customers only	Aparcamiento reservado solo para clientes
Free garage for one night only	Servicio de garaje gratuito sólo por una noche
Charge made for garage	Gastos de garaje no incluidos
Outdoor and indoor swimming pools	Piscinas abiertas y cerradas
Beach with bathing facilities	Playa acondicionada
In the lounge of the hotel there are sales counters, showcases, airlines offices and car rental offices	En el hall del hotel hay tiendas, escaparates, oficinas de compañías aéreas y de alquiler de coches
To take a spin behind the wheel	Dar un paseo en coche
The site is worth a journey	El lugar merece el desplazamiento
The beauty spot is worth a detour	La belleza del paisaje vale la pena desviarse

To have had a hell of a good time	Haberlo pasado formidablemente
We had not enough time to take it all in	No tuvimos suficiente tiempo para observarlo todo a fondo
Attractive ambiances	Ambientes atractivos
To arrange get-togethers	Organizar reuniones
To set up women's shopping tours	Preparar visitas a las tiendas de señoras

30

DAILY LIFE EXPRESSIONS	EXPRESIONES DE LA VIDA COTIDIANA
Life work	El trabajo de toda una vida
Do your own thing	Haz lo que creas conveniente; el destino está en tus manos
Hold fast **Stick it out**	Asegúrate bien
He imparts his best advice: it's not necessary to inherit to succeed, it's enough just to persist	Da su mejor consejo: no es necesario heredar para tener éxito, es suficiente con perseverar
Like it or lump it, I am going...	Tanto si quieres como si no, voy...
Wild horses could not stop me from...	Nada en el mundo me impediría...
To be bent on **To be intent on**	Estar decidido a...
Don't let on that you know	No digas ni palabra
To back off	Desdecirse; volverse atrás
When a deal has been made, there's no backing out	Cuando se ha hecho un trato, no se puede uno echar atrás
Live and let live	Vive y deja vivir
Take it as it comes	Tómate la vida como viene

There is no turning the clock back	No hay forma de retroceder al pasado
To go along with the tide	Dejarse llevar por la corriente
Don't get your back up	No te predispongas en contra
Laugh the incident off	Tómatelo a la ligera; no te lo tomes en serio
To shrug it off	No le des importancia
Stop knocking your brains out	No te rompas la cabeza
Think nothing of it	Olvídate del asunto; no lo des vueltas
Make nothing of it	Déjalo correr; no hagas una montaña de ello
To swallow one's pride	Tragarse el orgullo
No hard feeling	Sin rencores
To loosen up	Relajarse
To feel like a million bucks (U.S.A., slang)	Sentirse como un toro
I'm finally getting in together (U.S.A.)	Por fin estoy conforme
Well adjusted personality	Temperamento muy equilibrado
Right on	Adelante
Readily	Con mucho gusto; de buena gana
To get more than one bargain for	Tener mucho que hacer
Hang up	Complejo
He will never live it down	No lo olvidará en toda la vida

Outlet	Liberación; escape
To let off steam	Soltar la válvula de escape
To get something off one's chest	Desahogarse
Not to have qualms about **Not to have compunctions about**	No tener remordimientos de conciencia por
He is none the worse for it	No es peor que antes
To open up	Relajar la mente; calmarse
To like to get away from it	Gustar huir de la vida cotidiana; cambiar de aires
As he pleases	Como guste; como le dé la gana
Leave them to their own devices	Déjales a su aire
Of one's own accord	Por su propia voluntad
As you see fit **Whatever you say**	Como Vd. crea conveniente; lo que Vd. diga
Do as you like **Have it your own way**	Haga lo que Vd. crea conveniente
To be on the outs for years (U.S.A.)	No mantener buenas relaciones desde hace años
To have my fill of...	Estar hasta la coronilla de...
To be amazed at **To be bowled over by**	Estar asombrado de...; haberse quedado pasmado por...
To carry on about **To sound off about**	Armar (un) escándalo
To throw up to	Echar en cara
Get off my back **Stay out of my hair**	Déjame en paz

They give me a great big pain in the neck (U.S.A.)	Me están fastidiando; me dan la lata
Keep calm **Cool it (U.S.A.)** **Stay loose (U.S.A.)**	Cálmate; tranquilízate
To be cut out to be a doctor	Tener madera de médico
To have the makings of a manager	Tener madera de director
To be a bit of a hustler	Ser expeditivo; despachar el trabajo
To see something through	Llegar hasta el fondo del asunto
To weigh **To mull over**	Sopesar; sopesar los pros y los contras
To show initiative	Mostrar iniciativa
To be on the level **To play it straight**	Ser animoso
On the level	Noblemente; en orden
On the up and up	Mejorando
To be lying through one's teeth **It's a pack of lies**	Mentir como un sacamuelas; es un montón de mentiras
To be well up on	Estar muy enterado; estar muy al corriente
To know London like the back of my hand	Conocer Londres como la palma de la mano
Inside out **Through and through**	De pies a cabeza; de cabo a rabo
To have a free hand **To have free rein**	Tener carta blanca
The coast is clear	No hay moros en la costa; tener campo libre

I can't make it out	No comprendo nada
I am at a loss to understand	No llego a comprender; no me cabe en la cabeza
I don't quite get you	No le comprendo bien
It does not hold water	No tiene fundamento; no tiene ni pies ni cabeza
To be beside the point	Ser incongruente; estar impertinente
I am beginning to see daylight	Empiezo a ver claro
Quite so, quite so	Eso es, eso es
Time to think it over	Tiempo para pensarlo
To have one's work cut out for **To have one's work carved out for (U.S.A.)**	Tener trabajo para rato; haber tela que cortar
To be bogged down with work	Estar agobiado de trabajo
Can you get out of the appointment?	¿Puede usted anular la cita?
To take on	Cargar con una responsabilidad
To take on a bet	Hacer una apuesta; apostar
To be ready to take on all comers	Estar dispuesto a aceptar el reto de cualquiera; a recoger el guante de cualquiera
To chicken out (slang)	Acobardarse; rajarse; desinflarse
At the last minute he had cold feet	En el último momento se rajó

The dice are loaded	Los dados están lastrados
The cards are stacked	Las cartas están marcadas
To underbid one's hand	Apostar por debajo de su baza de juego
To play dumb	Hacerse el tonto
To go overboard **To strech the point a little**	Exagerar; ir demasiado lejos
Don't push your luck **Don't overplay your hand**	No fuerces la suerte; no pidas demasiado a la suerte
That's where I draw the line	Esa es la meta que yo me fijo
Blinkered optimists don't make good businessmen	Los optimistas con anteojeras no resultan ser buenos hombres de negocios
To play it safe	No arriesgarse
To chance **To venture**	Aventurarse; arriesgarse; correr el albur
There's a lot at stake on it **There's a lot riding on it**	Hay mucho en juego
To court disaster	Ser gafe
To sink a fortune in the project	Hundir una fortuna en el proyecto
To ask for it	Buscarle tres pies al gato
To think up	Inventar
To dream up	Imaginar
A brainchild	Una idea astuta
A gimmick	Un truco
A novel idea	Una idea original
To capitalize on the idea	Sacar partido de la idea

To cash in on **To get in on**	Sacar tajada; partir el pastel
To know which side one's bread is buttered on	Saber donde le aprieta a uno el zapato
To be out for one's own interests whenever occasion serve	Barrer hacia adentro siempre que se presenta la ocasión
To run with the hares and hunt with the hounds **To play both ends against the middle**	Sacar tajada de todas partes; estar al plato y a las tajadas
To be in the ruuning	Estar en el ajo
To be completely out of it	No estar en el ajo
To get back into the swing of things	Volverse a poner al tanto de las cosas; volverse a meter en el ajo
To have more than one ace up one's sleeves	Tener más de un as en la manga
To have many irons in the fire	Tener demasiados asuntos entre manos
To hold all the aces **To hold all the trumps**	Tener todos los triunfos de la baraja
To be in a good bargaining position	Encontrarse en posición segura
To waltz through **To breeze through**	Hacer algo con soltura
To make one's way	Labrarse el porvenir; abrirse camino
The important thing is to get one's foot in	Lo importante es { meter baza / introducirse }
To make a go of it	Llevar la nave a buen puerto

The success hinges on...	El éxito depende de...
To make out pretty well	Tener éxito; abrirse camino
To nose out a windfall	Dar con una ganga
To hit it big (U.S.A.) **To hit pay dirt (U.S.A.)**	Encontrar la gallina de los huevos de oro
To get away cheaply	Escapar bien; salir del paso con poco daño
To start the ball rolling	Echar a rodar la bola; empezar; dar la señal
It's in the works	Está en marcha
To have the upper hand	Llevarse el gato al agua
To have a hold on **To have a hold over**	Tener dominio sobre...
To put pressure on	Obligar moralmente; presionar; forzar la mano
To put the screws on	Apretar las clavijas
Walk softly but carry a big stick	Con mano de hierro y guante de terciopelo
To leave one's mark on someone	Dejar huella en alguien
To egg someone on to do	Incitar a alguien a hacer algo
A tall order	Es mucho pedir
I'll see to it so that **I'll attend to it so that**	Haré todo lo posible para que...
To get things straight **To set the record straight**	Poner las cosas en su punto
To get that matter straightened out **To get that matter squared up**	Zanjar ese asunto

To have a few things to tidy up	Tener unas cuantas cosas que arreglar
To stand idly by	Permanecer inactivo
To jump in head first	Lanzarse de cabeza; lanzarse a tumba abierta
To toy with the idea of	Alimentar la idea de...
To be sold on the idea **The idea appeals to someone**	Estar hecho a la idea de...
To take a dim view of **To be not hot on** **To look askance at**	Ver con malos ojos
To have in store for...	Tener en reserva para...
To gang up on	Formar bloque en contra de...
To go at someone tooth and nail	Luchar con alguien a brazo partido
To have one's knife in someone	Ensañarse con alguien
To trump up a case against someone **To drump up a case against someone**	Armar una cábala contra alguien; formar un falso testimonio en contra de alguien
To be out of one's depth competing with	Desfondarse luchando contra...
To have someone cornered **To have someone over a barrel**	Tener a alguien acorralado; tener a alguien a su merced
To be drawn into...	Liarse en...; embarcarse en...
To nail someone down **To pin someone down**	Acorralar a alguien

To be fenced in **To be boxed in** **To be up a tree** **To be in a quandary**	Estar acorralado; estar contra la espada y la pared
To walk right into the trap	Meterse en la trampa; caer en la red
To walk right into the hornet's nest	Meterse en un avispero
To get off the hook	Conseguir salir del apuro
To lead someone on **To string someone along**	Manejar a alguien a su antojo; manejar a alguien como un títere
To trick someone into	Embaucar, liar o engatusar a alguien
Give X enough rope and he will hang himself	Deja a X que se líe solo; da cuerda a X y se ahorcará solo
A plot to pry out concessions	Una jugada para arrebatar las concesiones
To do someone out of something **To chisel someone out of something**	Timar a alguien algo
To step on someone toes	Meterse en el terreno de uno
To steal the thunder	Barrer para adentro; arrimar el ascua a su sardina
To pull the rug out from under someone	Hacer a alguien la labor de zapa
To cut the ~~grass~~ from under someone's feet **To take the wind out of someone's sails**	Ganar por la mano; tomar la delantera

Something's brewing	Algo se está cociendo
What are you up to... **What are you cooking up...**	¿Qué estás maquinando?
To feel someone out **To sound someone out**	Tantear el terreno con alguien
On the face of it	A primera vista
To hold true	Corresponder a la realidad
It's staring you in the face	Salta a la vista
It makes my hair stand on end	Me hace poner los pelos de punta
That's an old dodge	Es una jugada clásica
To hit the spot	Dar en el clavo
That just suits my book	Se ajusta perfectamente a mis necesidades
It's give and take **One good turn desserves another**	Es un toma y daca
Do contact him **Do look up him**	Ponte en contacto con él
In case of emergency send for me	En caso de urgencia, envía a buscarme
To step out of the picture	Salirse del juego
I won't be a party to such business	No tomaré parte en un negocio así
I won't go along	No aceptaré
To buy off **To pay off**	Librarse de alguien a base de dinero
Disregard expense	No repares en gastos
Kiss it good bye	Despídete de ello
To hold talks on...	Mantener conversaciones sobre...

It's anybody's guess	Es una incógnita
Pull your socks up	Afílate las uñas; átate bien los machos; prepárate para un gran esfuerzo
There's more than one way to skin a cat	Hay más de una forma de hacerlo
Just a drop in the bucket	Es solo una gota de agua en el océano
Money burns a hole in one's pocket	Ser un manirroto / despilfarrador / saco roto
To buck the odds **To fight a losing battle**	Estrellarse contra la resistencia de alguien; defender una causa perdida
When the contract was signed, he got the short end of the stick	Cuando se firmó el contrato, le tocó la peor parte
It's out of my scope	Está fuera de mi alcance
What has he got to show for it?	¿Y qué tiene para presumir así?
To try to worm it out of me	Intentar sonsacarme; intentar tirarme de la lengua
To tip off	Delatar; dar el chivatazo; soplonear; irse de la lengua
To conduct a survey	Llevar a cabo una investigación; realizar una encuesta
Without any obligation on your part	Sin obligación alguna por su parte
To enlist your help **To enlist your services**	Atraerse su colaboración

Turning point	Punto crítico; momento crucial
To go slumming	Degradarse; envilecerse
Self appraisal	Autocrítica
To sensitise	Sensibilizar
As often as not	No pocas veces
That was cold comfort	Ese fue un pobre consuelo
To pass off **To palm off**	Endosar un trabajo
To read through the book	Leer el libro de cabo a rabo
Look in	Echa un vistazo
To have a hands off policy	Llevar una política neutral
To resort to taking in paying guests	Recurrir a tomar huéspedes de pago
Spin-off effects	Las recaídas
To wait in limbo	Esperar en la sombra; en el olvido
What an act!	¡Qué teatro!
Speak now or forever hold your peace	Dilo de una vez o cállate para siempre
To fall back on their friends to live	Volverse sobre los amigos para poder vivir
The tables will turn **The tide will turn** **The shoe will be on the other foot**	Se cambiarán los papeles; se cambiarán las tornas
To be a lucky dog	Tener potra; tener suerte
To eat one's hat	Jugarse el cuello
To paint the town red	Echar una cana al aire
To be in the dog house	Estar mal visto

To be high and dry	Estar en la miseria
To let one's hair down	Estar tranquilo; no estar nada nervioso
It will soon burn itself out	Es una falsa alarma; no es más que un chispazo
Every little helps	No escatimar medios
To improve on acquaintance	Ganar con el trato
To have a run of bad luck	Tener mala suerte
To sit tight	Negarse a moverse Esperar a alguien a pie firme
To work someone up	Excitar a uno
To be down and out	Estar en la miseria; no tener ni donde caerse muerto
To begin with the cake	Dejar el rabo por desollar
To stoop to conquer	Esperar el mejor momento; doblegarse para vencer
On second thoughts **On thinking it over**	Pensándolo mejor
To give someone tit for tat **To hit someone back** **To pay someone out**	Pagar con la misma moneda
Just lip service **Just a kiss in the air**	Sólo buenas palabras; obras son amores que no buenas razones
To muddle through	Conseguir por chiripa
To make do	Arreglárselas
A bit of a Heath Robinson system	Un poco de maña para salir del apuro

To hack for someone	Ser el esclavo de alguien
They are poles apart	Son totamente opuestos; son polos opuestos
Serve you right **That will teach you**	Eso te enseñará
That is so much to the good	¡Que me quiten lo bailado!
It is all plain sailing	Estar en un buen trance
To set a thing going	Poner una cosa en marcha
To put one's back into it	Arrimar el hombro
What lucky chance brings you here?	¿Qué buenos vientos te traen?

31

COMMERCIAL AND FINANCIAL ABBREVIATIONS		ABREVIATURAS COMERCIALES Y FINANCIERAS
A.a	**Always afloat**	Siempre en circulación
A.a.r/a.r	**Against all risks**	(Contra) todo riesgo
Acce.	**Acceptance/accepted**	Aceptación/aceptado
A/d	**After date**	A partir de
Afft.	**Affidavit**	Declaración jurada; testimonio por escrito
Adv.	**Advice**	Aviso
Agt.	**Agent**	Agente; comisionado; corresponsal
A 1	**First class**	De primera clase; excelente
a.m.	**Before noon**	Ante meridiem (por la mañana; de la mañana; antes del mediodía)
Amt.	**Amount**	Cantidad; suma
Ans.	**Answered**	Contestado
A/O	**Account of (on behalf of)**	Por cuenta de; en nombre de
A/P	**Additional premium**	Prima complementaria
Arr.	**Arrived**	Llegado; recibido
A/s	**After sight**	A ... días vista

Assn.	**Association**	Asociación; sociedad
A/V	**Ad valorem**	Ad valorem (según valor: para aplicar el porcentaje de impuestos)
Av.	**Average**	Promedio
A. w.	**Actual weight**	Peso real
Bal.	**Balance**	Saldo
B/d	**Brought down (balance)**	Saldo a cuenta nueva
	Barrels per day	Barriles por día
B/E	**Bill of exchange**	Letra de cambio
B/f	**Brought forward**	Suma y sigue; suma anterior
B.H.P.	**Brake horse power**	C.V. en frenada; caballos de vapor en frenada
BIB	**Bid bond**	Solicitud de participación en una licitación
BK	**Bank/book**	Banco/libro
B/L	**Bill of lading**	Conocimiento de carga
B/O	**Brought over**	Suma y sigue; suma anterior
B.P.	**Bills payable**	Efectos a pagar
B/R	**Bills receivable**	Efectos a recibir
Brit.	**British**	Británico
Brl.	**Barrel**	Barril=1,5899 hectolitros
B/P	**Barrels**	Barriles
Bros.	**Brothers**	Hermanos (en la razón social de una compañía)
B/S	**Bill of sale**	Contrato de venta
	Balance sheet	Balance
B/s	**Bags, bales**	Sacos; balas, fardos

Bus.	**Bushel**	Celemín (medida de áridos equivalente a 8 galones =36,35 litros)
Bt	**Bought**	Adquirido
Bx	**Box**	Caja
C/A	**Capital account**	Cuenta de capital
C.A.	**Chartered accountant**	Contador colegiado
C.A.D.	**Cash against documents**	Pago a la entrega de documentos
c.c.	**Copy to**	Copia para
	Cubic centimeter	Centímetro cúbico
C/d	**Carried down**	Suma y sigue
C.E.	**Civil engineer**	Ingeniero civil
Cert.	**Certificate**	Certificado
C/f	**Carried forward**	Saldo a cuenta nueva
C & F	**Cost and freight**	Coste y flete
Chq, Chk	**Cheque**	Cheque
C.I.F.	**Cost, insurance, freight**	Coste, seguro y flete; CIF
CIF & c.	**idem + commission**	CIF + comisión (reclamada por los fletadores)
C.F.I.	**Cost, freight, insurance**	Coste, flete, seguro
Cks.	**Casks**	Pipa; barril; tonel; cuba
C.L.	**Credit letter**	Carta de crédito
C.N.	**Credit note**	Nota de crédito
C/O	**Cash order**	Orden de pago al contado
Co.	**Company**	Sociedad; compañía (Cía.)
c/o	**Carried over**	Suma anterior

C/o	**Care of**	A la atención de
C.O.D.	**Cash on delivery**	Pago a la entrega de las mercancías; a pagar a la recepción
Com.	**Commission**	Comisión
Cont.	**Contract**	Contrato
C/P	**Charter party**	Contrato de fletamento
Cp	**Coupon**	Cupón
Cr.	**Credit**	Crédito
Cr(s)	**Creditor(s)**	Acreedor(es)
Cum.	**Cumulative**	Acumulativo
Cum div.	**Cum dividend**	Dividendo acumulado
Curr.	**Current**	De los corrientes (a continuación del día en cartas comerciales)
C.W.O.	**Cash with order**	A pagar al hacer el pedido
cwt.	**Hundredweight**	Quintal=112 libras=0,508 quintales métricos
D/A	**Documents against acceptance**	Documentos al acepto
D/A	**Deposit account**	Cuenta de depósito
D/a	**Days after acceptance**	Días a partir de la aceptación
Deb.	**Debenture**	Obligación
Decz	**Decrease**	Baja; disminución
Def.	**Deferred**	Diferido
Dept.	**Department**	Departamento; servicio
Dft.	**Dratf**	Emisión; giro
Dis.	**Discount**	Descuento

Div.	**Dividend**	Dividendo
DM	**Deutsche Mark**	Marco alemán
D/N	**Debit note**	Nota de débito
D/O	**Delivery order**	Orden de entrega
do	**ditto**	Idem; ibídem
Dol	**Dollar**	Dólar
Doz.	**Dozen**	Docena
D/P	**Documents against payment**	Entrega de documentos al efectuar el pago
Dr.	**Doctor or Director**	Doctor; Consejero de Administración
Dr.	**Debtor**	Deudor
D/S	**Days after sight**	Días después de «a la vista»
D/W	**Dock warrant**	Certificado de depósito; warrant
Ea.	**Each**	Cada uno
Ed.	**Editor**	Redactor jefe; director de periódico
E.E.	**Error excepted**	Salvo error (s. e.)
E. & OE	**Errors and omissions excepted**	Salvo error u omisión (s.e.u.o.)
e.g.	**For example (exempli gratia)**	Por ejemplo (e.g.)
Eng.	**English**	Inglés
E.O.M.	**End of month following date of sale**	Pago a fin de mes de la fecha de venta
Etc.	**And so on**	Et caetera (etc.)

Ex.	**From, or Exemple**	Procedente de, o ejemplo
Exch.	**Exchange**	Cambio; la Bolsa
Excheq	**Exchequer**	Hacienda; erario; fisco
F.a.a.	**Free of all average**	Franco de toda avería; libre de daños
F.A.S.	**Free alongside ship**	Franco (en) muelle
Fcp.	**Foolscap**	Papel de escribir de 35×43 cms. de tamaño; papel ministro
Fig.	**Figure**	Cifra; número; guarismo
Fo.	**Folio**	Folio
F.O.	**Foreign Office**	Ministerio de Asuntos Exteriores
FO	**Firm offer**	Oferta en firme
F.O.B. / *F.oS*	**Free on board** / **Free on steamer**	Franco a bordo
For.	**Foreign**	Extranjero
F.O.R.	**Free on rail**	Franco en ferrocarril
Ft.	**Foot or feet**	Pie(s) (medida=305 mms.)
G/a	**General average**	Avería gruesa
Gall.	**Gallon**	Galón (medida equivalente a 4,543 litros en Inglaterra y a 3,785 litros en América)
G.B.	**Great Britain**	Gran Bretaña
Gent.	**Gentlemen**	Muy Srs. nuestros (míos)
Govt.	**Government**	El Gobierno
Gro	**Gross**	Bruto (peso)
H.E.	**His Excellency**	Su Excelencia

H.P.	**Hire-purchase**	Venta a plazos; venta alquiler
H.P.	**Horse power**	Caballo de vapor (H.P. o C.V.)
Hr.	**Hour**	Hora
i.e.	**id est, that is**	Es decir (i.e.)
In.	**Inch**	Pulgada (medida = 2,54 cms.)
Inc.	**Incorporated**	Incorporada, constituida (sociedad)
Ince	**Insurance**	Seguro
Inst.	**Instant**	Del corriente (mes. En cartas comerciales)
Int.	**Interest**	Intereses
Inv.	**Invoice**	Factura
I.O.U.	**I owe you**	Pagaré
Ital.	**Italics**	Bastardilla; cursiva
J/A	**Joint account**	Cuenta conjunta
J/A	**Justice of Appeal**	Tribunal de Apelación
Jun./Jr.	**Junior**	Joven; subalterno miembro más joven; hijo (a continuación del apellido)
Km.	**Kilometre**	Kilómetro
Lat.	**Latitude**	Latitud
LBC	**Letter bill collection**	Carta de envío de letra al cobro
Lb(s)	**Pound(s)**	Libra(s) = 0,453 kilogramos
L.C.	**Letter of credit**	Carta de crédito
Lit.	**Litre**	Litro
Ltd.	**Limited**	Sociedad Limitada; Sociedad Anónima

Max.	**Maximum**	Máximo
Memo	**Memorandum**	Memorándum
Messrs	**Gentlemen, sirs**	Sres. (precediendo al nombre de las personas masculinas de una firma)
M/S	**Months' sight**	Meses a la vista
M.S(s)	**Manuscript(s)**	Manuscrito(s)
N.B.	**Nota bene** **Note well**	Rogamos tomen buena nota
No or Nr	**Number**	Número (irá seguido del número correspondiente. Equivale a nuestro Nº.)
Nom.	**Nominal**	(Valor) nominal
N.P.	**Notary public**	Notario (público)
O/D	**Overdraft**	Descubierto (en cuenta)
O.D.	**On delivery**	A pagar a la recepción
O.H.M.S.	**On Her Majesty's service**	Al servicio de Su Majestad; con franquicia postal
%	**Per cent**	Por ciento
Ord.	**Ordinary**	Ordinario
Oz.	**Ounce**	Onza=28,35 gramos
P./pp.	**Page(s)**	Página(s)
P.	**Perch**	Pértica (5,5 yardas=5 m., aprox.)
P/A.	**Power of attorney**	Poder; procuración
P.A.	**Particular average**	Avería individual
P/A.	**Private account**	Cuenta privada; cuenta particular
Par.	**Paragraph**	Párrafo

Pat.	**Patent**	Patente
P.C.	**Petty cash**	Gastos menores de caja
P/C	**Price current**	Precio corriente
Pd.	**Paid**	Pagado
Per an.	**Per annum**	Por año; anualmente
PFD	**Preferred**	Acción preferente
Pkt	**Packet**	Paquete
P.M	**Post meridiem**	Post meridiem (por la tarde; de la tarde; después del mediodía)
P.M.	**Promissory note**	Pagaré
pm.	**Premium**	Prima
POD	**Pay on delivery**	A pagar a la recepción
Pref.	**Preference**	Preferencia; prioridad
Pro.	**For/on behalf of**	Para; a favor de; a nombre de
Pro. tem.	**Pro tempore**	Temporalmente; pro tempore
Prox.	**Proximo** **Next**	Próximo; próximamente
P.T.O.	**Please turn over**	Se ruega dar la vuelta a la hoja
P.U.C.	**Paid up capital**	Capital liberado
Qr(s)	**Quarter(s)**	Cuarta parte; trimestre
qt(s)	**Quart(s)**	Cuarto de galón (1 litro aprox.)
R/D	**Refer to drawer**	Véase el librador
re	**Reference**	Referencia
re.	**Regarding**	Referente a; en relación con.

R.E.	**Royal exchange**	Bolsa de Comercio
Recd	**Received**	Recibido; recibí
Rect.	**Receipt**	Recibo
Ref	**Reference**	Referencia
Regd	**Registered**	Registrado; certificado
Rm.	**Ream**	Resma
R.M.S.	**Royal Mail Steamer**	Paquebote de la Royal Mail System Packet Co.
Ry.	**Railway**	Ferrocarril
S.A.	**South America**	América del Sur
Scp.	**Script**	Manuscrito
S/D	**Shipment against documents**	Embarque a la entrega de documentos
Secy.	**Secretary**	Secretaria
Sen.	**Senior**	Decano; superior; padre (precedido del apellido)
Sgd.	**Signed**	Firmado
Sh./Shr.	**Share**	Acción
Shpt.	**Shipment**	Envío; expedición; embarque
S/N	**Shipping note**	Conocimiento de embarque
S.N.O.	**Senior naval officer**	Oficial superior de la marina
Soc.	**Society**	Sociedad; asociación
Sov.	**Sovereign**	Soberano (moneda de oro = 20 chelines)
S.P.	**Supra protest**	Bajo protesto
S.S.	**Steamship**	Vapor (barco de)
sq.	**Square**	Cuadrado
sq.ft.	**Square feet**	Pies cuadrados

St.	**Saint or street**	San(to-a); calle
Std.	**Standard**	Normalizado
Stg.	**Sterling**	Esterlina
Stk	**Stock**	Valores; acciones
St. Exch.	**Stock exchange**	Bolsa de valores; bolsa de cambio
t.	**Ton**	Tonelada
T.B.	**Trial balance**	Balance de comprobación
T.O	**Turnover**	Total de ventas
Tr.	**Treasurer**	Tesorero
T.T.	**Telegraphic transfer**	Traspaso telegráfico; transferencia telegráfica
U.K.	**United Kingdom**	El Reino Unido
Ult.	**Ultimo** **Last month**	El pasado mes
U.S./ U.S.A.	**United States of America**	EE. UU.; los Estados Unidos de América
U/W	**Underwriter**	Asegurador; miembro de un sindicato de garantía; suscriptor
va.	**Volt-ampere**	Voltio-amperio
V.C.	**Vice-chairman**	Vicepresidente
Var.	**Various**	Diversos; varios
Via	**By way of**	A través de; por
Viz	**Namely**	A saber; es decir
Vol.	**Volume**	Volumen
VP	**Vice Président**	Director adjunto; subdirector
Vs	**Versus**	Contra
w.	**Watt**	Watio o vatio

W.B.	**Way bill**	Hoja de ruta
Wk(s)	**Week(s)**	Semana(s)
W.O.	**Warrant officer**	Suboficial con despacho
W/W/	**Warehouse warrant**	Certificado de depósito
Wt.	**Weight**	Peso
X.C.	**Ex-coupons**	Cupón separado
X.Div.	**Ex-dividend**	Dividendo extraordinario
yd.	**Yard**	Yarda=0,914 metros
yrs	**Years**	Años
Yrs	**Yours**	Atte. suyo(s)
&	**And**	Y
Z	**Zero**	Cero

32

BUSINESS AND OTHER PROVERBS	PROVERBIOS DE LOS NEGOCIOS Y OTRAS MATERIAS
ABOUT MONEY	**SOBRE EL DINERO**
Store is no sore **Money never hurts**	No hacer ascos al dinero
Money is the root of all evils	El dinero es el origen de todos los males
Ill gotten gains never thrive	Bienes mal adquiridos a nadie han enriquecido
Waste not, want not	Quien guarda halla
Take care of the pence and the pounds will take care of themselves	Un grano no hace granero, pero ayuda a su compañero
Don't be penny wise and pound foolish	No mires el céntimo y los gastes a cientos
In order to know the value of money, a man should be obliged to borrow	Para apreciar el valor del dinero hay que saber lo que cuesta ganarlo
Beggars cannot be choosers	El que pide prestado no tiene derecho a elegir
Neither a borrower nor a lender be for loan oft loses itself and friend	Ni prestes ni pidas prestado, pues, a menudo, el préstamo desaparece con el amigo
To borrow short and lend long is courting disaster	El que pide prestado menos de lo que presta está avocado a la ruina

Don't send good money after bad	No inviertas dinero en negocios ruinosos
Short reckonings make long friends	Las cuentas claras mantienen la amistad
Prosperity makes few real friends	El dinero no compra los amigos
When poverty comes in by the door, love flies out of the window	La pobreza y el amor no se llevan bien
Don't live beyond your means to keep up with the Joneses	No gastes más de lo que ganes por vivir a tenor de los que tienen más dinero que tú
Time is money, but teamwork is money too	El tiempo es oro, pero el trabajo en equipo también es oro
It is better to be envied than pitied	Es mejor dar envidia que pena; más vale ser envidiado que compadecido
Nothing succeeds like success	Nada proporciona fortuna como la misma fortuna
Many a little makes a mickle	Muchos pocos hacen un mucho
Money begets money	Dinero llama dinero
Money has no smell	El dinero no huele
Only the rich can borrow money	Sólo los ricos tienen crédito
Money is the sinew of war	El dinero es el nervio de la guerra
The more a man gets, the more he wants	Cuanto más se tiene más se quiere
The best is cheapest in the end	Lo barato es caro

Contentment is better than riches	La satisfacción es mejor que la riqueza
There are worse things than losing money	Las heridas producidas por la pérdida del dinero no son las más difíciles de cicatrizar
Advisers run no risks	Los consejos no cuestan dinero

ABOUT SILENCE	**SOBRE EL SILENCIO**
Silence is golden	El silencio es oro
To succeed secrecy is as important as speed	Para tener éxito, el secreto es tan importante como la rapidez
Keep your own counsel **Keep your plans to yourself**	Mantén tus planes en secreto
Least said soonest mended	Quien mucho habla mucho yerra
The less said, the better	Cuanto menos se diga, mejor
Be as close as an oyster	Aprende a guardar un secreto
The spoken word belongs half to him who speaks and half to him who hears	Un secreto entre dos es un secreto a voces
A word to the wise is sufficient	A buen entendedor con pocas palabras basta

Many a true word is spoken in jest	Las cosas serias se dicen sonriendo
Action speaks louder than words	Los hechos tienen más fuerza que las palabras; más hechos y menos palabras
The less one thinks, the more one speaks	La ignorancia es muy atrevida
Men who have little to say are great talkers	Los que menos tienen que decir son los que más hablan
Let fools talk, knowledge has its value	Más vale el elogio de una persona sensata que el de cien necios
Liars need good memories	Antes se coge a un mentiroso que a un cojo
Silence gives consent	Quien calla otorga

ABOUT WORK — SOBRE EL TRABAJO

Do it at once, it's the safest course	Cuanto antes se haga antes se acaba
Never put off till to morrow what you can do to-day	No dejes para mañana lo que puedas hacer hoy
The early bird catches the worm	A quien madruga Dios le ayuda
First come, first served	Lo primero, lo primero
Well begun is half done **A good beginning is half the battle**	El trabajo que bien se comienza, bien se termina; el trabajo bien empezado ya está medio terminado

Practice makes perfect	Practicando se aprende
Seek and you shall find	Quien la sigue la consigue; busca y encontrarás
The proof of the pudding is in the eating	El movimiento se demuestra andando
Many hands make light work	Cuantos más, antes se despacha el trabajo
Idle time is devil's time	La pereza es la madre de todos los vicios
Labour and licence do not mix	El trabajo y el placer no corren parejos
Lazy people are always anxious to be doing something	Los vagos siempre tienen ganas de hacer algo
Jack of all trades is master of none	Aprendiz de todo y maestro de nada
A bad workman always blames his tools **An ill workman quarrels with his tools**	El que tropieza siempre echa las culpas al empedrado

ABOUT COURAGE — SOBRE EL VALOR

Never say die **Don't give up the ship**	¡Quién dijo miedo!
God helps those who help themselves **Help yourself and heaven will help you**	A Dios rogando y con el mazo dando
Grin and bear it **You must take it in your stride**	A mal tiempo, buena cara

Where there's a will, there's a way	Querer es poder
One is never so well served as by oneself	Gente pobre no necesita criados
No flowery path leads to fame	Ningún camino florido conduce a la gloria
Nothing ventured, nothing gained	Quien nada arriesga, nada gana; quien no se moja no pasa el río
When you set a goal, you shouldn't deviate from it	Cuando se fija una meta hay que alcanzarla
You've made your bed, now sleep in it	A lo hecho, pecho
You can't hold a good man down	El hombre valeroso siempre se levanta
Unless you know how to lose, you don't deserve to win	El que no sabe perder no merece ganar

ABOUT PRUDENCE — SOBRE LA PRUDENCIA

Forewarned is forearmed	Hombre prevenido vale por dos
When in doubt, wait	Ante la duda, abstente
Be safe not to be sorry	Más vale prevenir que curar
Look before you leap	Antes que te cases mira lo que haces
A bird in the hand is worth two in the bush	Más vale pájaro en mano que ciento volando
There is many a slip 'tween the cup and the lip	De la mano a la boca desaparece la sopa

Lay up something for a rainy day	Guarda algo para después
Always mind pour P's and Q's	Poner los puntos sobre las íes
Take everything with a grain of salt **Don't take things for granted**	No des las cosas por sentado
Let sleeping dogs lie	Es mejor no meneallo; más vale no meneallo
Who only hears a part hears nothing	Más vale hacerse el sordo que saberlo todo
Two heads are better than one	Cuatro ojos ven más que dos
You never can tell	Nunca se puede decir
Save me from my friends	Dios nos guarde de los buenos amigos
Rely on yourself alone	No confíes más que en ti mismo
Live and learn **Time will show**	Vivir para ver
You may want it some day	No digas nunca de este agua no beberé
It is not the cowl that makes the monk **You can't judge a book by its cover**	El hábito no hace al monje
Gently does the trick	Se consigue más con caricias que con palos
Grasp all lose all	Quien mucho abarca poco aprieta
Don't halloo till you are out of the wood	No cantes victoria antes de tiempo